# VOYAGE EN ITALIE

## CONGRÈS DE ROME

### 1894

PAR

### le D' A. LABAT

Ex-Président de la Société d'hydrologie de Paris
et membre de la Société d'hydrologie de Madrid, Turin,
de la Société géologique de France, etc.

PARIS
LIBRAIRIE J.-B. BAILLIÈRE
19, RUE HAUTEFEUILLE

1894

# CONGRÈS
## INTERNATIONAL DE MÉDECINE
### DE ROME

29 *mars* — 5 *avril* 1894

---

**COTISATION** : pour les membres du Congrès, médecins ou savants, 25 fr.; — pour les personnes de leur famille, adultes des deux sexes, dites invitées, 10 fr.

**PIÈCES NÉCESSAIRES** : 1° Une carte d'identité, 2° Une lettre d'invitation (pour les chemins de fer français). 3° Une carte de légitimation (riconoscimento), pour les chemins italiens et les bateaux.

**FAVEURS ACCORDÉES** :

I. Billets à **demi-tarif** sur les chemins français et italiens. avec trois arrêts à l'allée et trois au retour, dans chacun des deux pays.

II. Billets circulaires, 20 o/o de remise sur le prix normal de ces billets.

III. Rabais de 25-30 o/o dans plusieurs Compagnies de navigation.

**EXCURSIONS** diverses à forfait jusqu'en Grèce, Tunisie, Algérie.

**EXCURSIONS** Cook à Naples et en Sicile.

---

RENSEIGNEMENTS :

*COMITÉ DE PROPAGANDE*

14, BOULEVARD SAINT-GERMAIN.

# VOYAGE EN ITALIE

## CONGRÈS DE ROME

1894

PAR

### le D<sup>r</sup> A. LABAT

Ex-Président de la Société d'hydrologie de Paris
et membre de la Société d'hydrologie de Madrid, Turin,
de la Société géologique de France, etc.

PARIS
LIBRAIRIE J.-B. BAILLIÈRE
19, RUE HAUTEFEUILLE

1894

# RENSEIGNEMENTS
## ET CONSEILS PRATIQUES

Ceux donnés dans les Guides visent à la défense de votre bourse plus qu'à celle de votre santé ; or les brèches à la bourse se réparent plus aisément que les brèches à la santé.

Emporter peu de bagages, aucune franchise sur les chemins italiens ; l'habitude est de prendre avec soi d'assez fortes valises, peu de linge, le blanchissage se faisant vite et bien.

Prendre de l'or et, mieux encore, des billets de banque, recherchés en temps de prime. Les changeurs donnent toujours plus que les hôtels. Les valeurs sur Rome, Naples, etc., ou les lettres de crédit ne font bénéficier que d'une partie du change. Quant aux billets italiens ceux d'État sont les seuls acceptables partout.

Les billets Cook ont l'avantage de limiter la dépense à 12 fr. 50 par jour et de vous rendre plus libres par les coupons de repas, moins nécessaires à qui connaît le pays et la langue.

Si vous arrivez dans une ville à une heure peu avancée, vous aurez le temps de choisir votre hôtel en laissant vos gros bagages à la station. Pour le départ, le portier de l'hôtel se charge d'enregistrer les malles et de payer les facchini au tarif.

Dans les grands hôtels le service est compté ; mais il est d'usage d'ajouter l'étrenne. Les ciceroni de l'hôtel sont un peu plus chers, plus stylés, parlant mieux le français, utiles pour éviter des pertes de temps, moins nécessaires dans les musées où les pancartes, en plusieurs idiomes, indiquent les tableaux. Les femmes de chambre des hôtels sont souvent suissesses, ce qui leur permet de s'entendre avec tout le monde.

Vous n'avez à subir qu'une douane d'entrée ; celle de Vintimiglia est la plus désagréable.

Les trains express des grandes lignes marchent d'une bonne allure ; les wagons de première très confortables, avec W. C. Les voitures, défectueuses dans le Sud, sont presque partout ailleurs propres et bien attelées, d'un prix raisonnable. Les landaus pour les grandes courses se paient de 20 à 25 francs la journée. S'adresser au portier de l'hôtel pour être bien servi.

A ne consulter que les lois de l'hygiène, l'hiver serait la meilleure saison ; les jours sont trop courts et la lumière fait souvent défaut dans les églises. L'été est trop chaud, aussi bien au nord qu'au midi. Le printemps et l'automne sont donc les meilleures époques.

En Italie, de même qu'en Espagne et, en général, dans la zone méridionale, les vêtements de laine sont de rigueur. Vous ne verrez point les indigènes porter de la toile. Il en est de même sur toutes les côtes de la Méditerranée. Les habits larges donnent plus d'aisance à la marche, abritent mieux des coups de soleil et se collent moins en temps de pluie. Le manteau des Siciliens et des Espagnols, si précieux dans ces climats, peut se remplacer par la pèlerine des Pyrénées, plus courte, plus légère et qui laisse aux bras leur liberté. Le chapeau de feutre doit être assez haut pour contenir un matelas d'air. Dans le Midi, le berret blanc, ou la casquette blanche des Anglais, ou l'écharpe blanche autour de la coiffure. En excursion, quelle que soit la fixité du temps, il y aurait imprudence à se séparer de son pardessus, à cause des variations atmosphériques bien plus sensibles que chez nous entre la journée et la soirée. Rien ne dispose plus à la fièvre que ces refroidissements. De plus, il est une autre fièvre, dite fièvre gastrique, qui n'est pas sans gravité. Elle est bien connue en Afrique où nos officiers portent des ceintures de flanelle comme préservatif.

Les médecins italiens recommandent de ne pas dormir les fenêtres ouvertes, surtout à Rome ; j'ai entendu donner le même avis à Madrid. Il y a, du reste, l'inconvénient des moustiques dont il faut se préserver à l'aide de rideaux de gaze. Les piqûres de ces insectes produisent sur les peaux fines une surexcitation qui exaspère le système nerveux ; on la calme par des bains de son (baignoires dans tous les grands hôtels).

La sobriété des Italiens est un modèle à suivre ; ils luttent contre la chaleur par le café, les glaces (très bon marché), rarement par les alcooliques. Ils déjeunent légèrement, ce que vous devrez faire pour ne pas perdre de temps à la table d'hôte de midi et pour garder la tête libre la journée. Le soir, les théâtres et les réunions fatiguent.

Dans les climats méridionaux il est de règle d'éviter les fatigues physiques, moins bien supportées qu'en Allemagne ou en Angleterre et qui conduisent à l'énervement et à la maladie. Il y a de bons médecins en Italie ; mais il vaut mieux être malade chez soi.

En somme, bonne santé et belle humeur sont les deux plus charmantes compagnes de voyage.

Il n'est pas inutile de rappeler qu'aux époques des fêtes (carnaval et semaine sainte), les hôtels sont souvent pleins et qu'ils élèvent leur prix ; les voitures plus rares et les cochers plus exigeants vous créent quelques difficultés.

En temps ordinaire ceux qui voudront séjourner une quinzaine dans une grande ville trouveront des chambres garnies pas chères et, vivant dans les cafés-restaurants, réaliseront une économie de moitié avec une plus grande liberté d'action.

# L'ITALIE EN GÉNÉRAL

Deux routes principales vont de Paris à Rome : **Voyage.**
1° par le mont Cenis, Turin, Milan, Bologne, Florence ; 2° par la Corniche, Gênes, Pise, Florence. Modifications possibles aux deux itinéraires : un détour par Vérone, Venise, Ferrare, sans oublier Ravenne qui mérite, à elle seule, le voyage. De Florence à Rome trois routes : deux de montagne par Pérouse, Terni ou par Sienne, Orvieto ; la troisième par Civita-Vecchia, longeant la mer, moins intéressante. De Turin on peut aller rejoindre la route de la Corniche à Gênes, ceci pour les gens pressés.

De Rome on est trop près de Naples pour ne pas aller voir le golfe merveilleux et le Vésuve fumant à côté de Pompéi et d'Herculanum sommeillant sous la cendre.

La Sicile demande un assez long trajet par mer, encore plus long par la voie ferrée. Autrefois la visite de la Sicile était longue, difficile, presque périlleuse : aujourd'hui, les voies ferrées permettent de voir, en peu de jours, les principales villes, les ruines de Syracuse et d'Agrigente, les vieilles colonnes des temples grecs à Segeste et à Selinonte, le panorama de l'Etna à Taormine. Toutes ces choses se voient vite, parce qu'elles frappent vivement les sens.

Le voyage d'Italie est à la fois artistique et scientifique; les richesses prodigieuses de l'art ont mis la science au second plan. S'il est vrai que ces trésors sont l'éternelle source où se retrempent les artistes des deux mondes, n'oublions pas que la renaissance, en même temps qu'elle réveillait l'art grec et la poésie romaine, faisait renaître, au siècle des Médicis, l'étude du droit, de la médecine, de l'histoire naturelle. Les vieilles universités de Pavie, de Padoue, de Bologne rappelleront aux hommes de science de bons souvenirs. Les médecins visiteront avec intérêt les grands hôpitaux de Gênes, de Milan, de Venise, etc. Ceux qui ont étudié plus spécialement l'hygiène, les climats, les eaux minérales auront une ample moisson à recueillir.

**Climat.** On a vanté le beau ciel d'Italie; il n'y a pas plus de climat d'Italie, qu'il n'y a de climat de France ou d'Espagne; mais il y a des climats régionaux différents les uns des autres. Sous ce rapport, une grande division peut s'établir en un climat du N.-E. ou *Transapennin* et un climat du S.-O. ou *Cisapennin*. Dans la région du N.-E. les hivers sont, au moins, aussi rigoureux que dans le bassin de la Seine; j'ai vu souvent le brouillard, la neige et la glace à Turin, Milan, Brescia, etc.; en janvier 1870, le Reno charriait de gros glaçons près de Bologne. Cette saison n'est douce et clémente que dans la partie S.-O., abritée du N.-E. par la chaîne montagneuse; là croissent l'oranger, le myrte, l'olivier, etc.

**Stations d'hiver.** Les stations d'hiver se sont élevées et ont progressé singulièrement dans ces dernières années. Il y avait longtemps que l'on parlait de Pise, de Rome, de Sorrente. Aujourd'hui Pise et Rome sont délaissées au profit de la Corniche italienne. En 1870, j'ai vu naître S. Remo et Nervi. *S. Remo* est une station de luxe (hôtels de l'Ouest très élégants), où affluent les Anglais et les Allemands; *Nervi* est entourée de villas magnifiques, sans parler d'Alassio et de Pegli. *La Spezzia* a réclamé sa place légitime parmi les points les mieux abrités de la côte. La côte méridionale de *Fiesole* a l'avantage de voir se dérouler à ses pieds Florence.

**Bains de mer.** Plusieurs villes d'hiver du golfe de Gênes sont en même temps bains de mer, comme sur nos côtes de Provence; à citer : Livourne et *Viareggio*, où le docteur Barellaï fonda, en 1856, le premier hôpital maritime pour trois cents enfants scrofuleux. Depuis cette époque, ce genre d'établissement s'est prodigieusement accru chez nos voisins. En première ligne l'hôpital du *Lido*, à Venise, où l'installation du bain de mer est grandiose ; puis *Rimini*, *Fano*, etc.

Jetons un coup d'œil rapide sur les eaux minérales qui mériteraient mieux, vu leur nombre et leurs vertus.

**Eaux minérales.** Parmi les bains du Nord, *Acqui*, *Abano*, *Recoaro* tiennent le premier rang; ils sont d'un abord facile. *Bormio* et *Sta Caterina*, aux altitudes de l'Engadine, ne se visitent qu'en plein été; de même *Vinadio* et *Valdieri* dans les Alpes-Maritimes. Les bains du Centre, tels que *Salso maggiore* et *Tabiano* sont sur la route de Plaisance ; c'est la région des sources salées pétrolifères. La *Porretta*, dans les Apennins, offre le phénomène du gaz hydrogène carboné brûlant au sortir de la roche. Les bains toscans, *Montecatini* avec la grotte de *Monsummano*, *Lucca*, *S. Giuliano*, se distinguent par leur confort et leur élégance ; ils se trouvent sur le parcours de Pise à Florence. Nous traiterons plus loin de ceux du pays romain. Dans le golfe de Naples, région volcanique par excellence, les sources sont hyperthermales, très abondantes ; *Ischia* domine par le nombre, le débit, la thermalité des veines minérales ; Pouzzoles, inférieur.

Les hydropathes verront avec intérêt les établissements de *Voltaggio* et surtout d'*Andorno*, environs de Milan, si intelligemment dirigé ; *Biella*, *Regoledo*, etc.

**Sol volcanique.** Il existe un rapport étroit entre les émanations thermo-minérales et les phénomènes éruptifs. Nulle contrée de l'Europe n'offre une étude plus vivante de cette partie de la géologie. On y rencontre tous les terrains, depuis le granit et les schistes cristallins des Alpes jusqu'aux marnes pliocènes ; mais les roches éruptives s'y accumulent. Dans le Vicentin les porphyres, les mélaphyres, les basaltes tertiaires, les cones trachytiques des monts Euganéens se dressant au milieu de la plaine, voisins des eaux d'Abano ; les serpentines du Piémont et de la Toscane ; les trachytes en dôme et les tufs volcaniques de la région d'Orvieto (nous aurons l'occasion d'y revenir) ; les tufs volcaniques des environs de Naples ; le volcan de Lipari, toujours en action ; le Vésuve et l'Etna se réveillant avec une fréquence inquiétante ; l'Épomée qu'on croyait éteint et qui a fait tant de ravages ; les coulées de lave récentes de *Torre del Greco*, de Catane ; les solfatares (celle de Pouzzoles classique) ; les amas de soufre et d'alun, produits de l'action interne ; les étuves bouillantes des cavernes ; les gaz délétères de la grotte du Chien. Ne voilà-t-il pas de quoi intéresser même les profanes ? Il est bon de relire à ce sujet les œuvres des géologues italiens, Pasini, Savi, Menighini, Omboni, Stoppani, etc. ; pour les eaux minérales : Garelli, Marieni, Schivardi, le plus pratique.

Ceci me conduit à dire que le voyage d'Italie, pour le savant aussi bien que pour l'artiste ou l'amateur, ne se fera point utilement sans préparation ; il sera bon de relire le précis d'*Histoire romaine* de Michelet et l'*Histoire des Romains* de Duruy, un peu de Tite-Live et de Tacite, quelques passages de l'*Énéide* et d'*Horace*, relatifs à l'antique Latium, etc. Ajoutez une visite dans la partie du Louvre qui renferme de nombreux tableaux des maîtres italiens. Mieux on sera préparé et plus fructueuse sera l'excursion. Cela vaut mieux que les bribes recueillies sans grand choix par les auteurs des Guides. Ces Guides sont indispensables. Ils sont à la science des voyages ce que sont les grammaires à la connaissance des langues.

Avant les chemins de fer et au temps de la division en petits États, le voyage n'était ni simple ni facile : en premier lieu, le passeport visé à outrance (j'en

*Progrès du pays.*

conserve un spécimen revêtu d'une centaine d'estampilles), puis le change continuel des monnaies, tout cela perte sèche et sujet de débats fastidieux; les diligences sur les grandes voies, les voitures ou les mulets dans la montagne, hôtels médiocres, auberges presque impossibles, souvent manque de vivres en Calabre et en Sicile. En revanche, comme l'on voyait bien et comme on pénétrait dans la vie intime du peuple ! Aujourd'hui c'est un jeu de parcourir l'Italie, même à la portée des vieillards et des invalides : trains express bien aménagés, voitures bien attelées et d'un prix modéré ; grands hôtels comme partout dans les grandes villes, monnaie uniforme ; prix fixe pour les entrées, guides officiels. Ce n'est pas à dire que vous soyez entièrement débarrassés des guides officieux, des mendiants ; néanmoins, si l'on excepte la partie napolitaine, il y a un immense progrès.

Les rapports avec les Italiens sont agréables pour qui sait s'y prendre; ils sont plus affables que les Germains et les Anglo-Saxons, un peu susceptibles (ne le sommes-nous pas aussi), en somme d'un commerce doux et facile.

Si vous avez le temps et la possibilité de vous mettre en rapport avec la société élégante, vous verrez que les salons de Milan, de Venise, de Florence, de Rome ne le cèdent point aux nôtres en gaieté et en urbanité ; souvent l'accueil est chaud et empressé. Si vous ne faites que passer, vous trouverez encore, soit en route, soit à l'hôtel, l'occasion d'aimables et utiles causeries. Quant aux rapports forcés avec les gens qui vivent de l'étranger, à part quelques tiraillements partout inévitables, ils ne sont pas si terribles qu'on l'a dit, et tel cocher ou cicerone qui criait trop haut passe vite du sévère au plaisant, le fond de gaieté prenant le dessus. Ces gens-là sont intelligents, vous comprennent à demi et se font comprendre par leur mimique expressive ; enfin ils sont au courant de tout, parlent avec feu des vieilles ruines et des tableaux de maître, ce que je n'ai jamais vu à ce degré dans aucun pays.

Peut-être m'accusera-t-on de partialité en faveur de l'Italie et des Italiens ; en tous cas on m'accordera que j'ai pris le temps de juger entre un premier voyage en 1852 et un dernier en 1892 séparés par plusieurs autres intermédiaires. Chaque fois c'étaient des changements et des progrès.

# PRINCIPAUX POINTS D'ARRÊT

**Turin.** Hôtels en face la gare. *Café Ligure, restaurant.* Bon aspect par ses rues droites à arcades et ses grandes places. Visite rapide des galeries, du musée des armures, du cabinet de minéralogie. Promenade au jardin public sur le Pô. Excursion à la *Superga* (tombeau des rois de Sardaigne), vue splendide sur la couronne des Alpes.

**Milan.** Grand choix d'hôtels : de *Milan, Continental,* via Manzoni ; de la *Ville,* encore plus central. Cafés restaurants : *Canetta, Cova,* anciennes réputations et dans la grande galerie. Luxe des boutiques, des équipages ; voitures propres et d'un prix raisonnable.

Visiter le *Dôme*, dont la place bien dégagée permet d'admirer ce magnifique travail de sculpture en marbre blanc. *St-Ambroise* pour les souvenirs ; *Sta Maria delle Grazie* pour la fresque de Léonard de Vinci. Musée *Brera*, bons tableaux de toutes les écoles. Bibliothèque Ambrosienne. Immense place d'armes, *Castello* et amphithéâtre de l'Arène, fantaisie de Napoléon ; arc du Simplon. Jardin public, boulevards plantés de gros arbres. Théâtre de la *Scala*, le plus grand de l'Italie. *Grand hôpital* pour 3,000 malades ; autres hôpitaux. Société très gaie, très accueillante ; type féminin fin et élégant.

Aux environs : la *Chartreuse* de Pavie, plus riche

encore que celle de Burgos. — A Pavie, l'Université — Les excursions pour les lacs sont bien organisées ; lac de Côme, très beaux hôtels à *Bellagio ;* villas, délicieux jardins et objets d'art. Lac Majeur, statue phénoménale de *St Charles ;* îles *Borromées* réalisant l'idée des jardins d'Armide.

Entre deux trains, à Vérone, les arènes très complètes et les places moyen âge.

**Venise.**

Hôtels voisins de la place Saint-Marc : *Britannia,* de l'*Europe* à l'entrée du Canal Grande ; les plus sains sur le quai des Esclavons. Sur la place, les cafés et le restaurant *Quadri ;* là est toute l'animation, boutiques de bijoux, de coraux, de photographies excellentes.

Place Saint-Marc et vue du haut de la tour ; église *S. Marco,* étude du style byzantin ; les fameux chevaux de bronze qui ont tant voyagé ; les colonnes antiques à profusion, les mosaïques, le trésor. Palais des Doges, si bizarre d'aspect ; les grandes salles tapissées des grands tableaux vénitiens ; les prisons de *Silvio Pellico,* etc. L'Académie des Beaux-Arts où sont représentées l'ancienne et la nouvelle école vénitienne. Beaucoup de tableaux dans les églises des *Scalzi, dei Frari,* de *S. Giovanni* et *Paolo.* Effet des églises de la *Salute* et de *S. Giorgio* dans le panorama de Venise.

Une promenade en bateau à vapeur de la gare au jardin public fait voir les palais qui bordent le Grand Canal, le pont du *Rio Alto,* et permet de visiter l'arsenal où sont les modèles des anciennes galères.

Dans les environs, Le Lido et son établissement de bains de mer, les îles *Murano, Torcello*, etc.

Un arrêt à Padoue pour le grand café *Pedrochi*, l'église *St Antonio* et l'université.

**Ravenne.** Ville unique dans son genre ; dernière capitale des empereurs d'Occident. Hôtel *Byron*, bien tenu. En une demi-journée: église *St-Apollinaire*, *S. Vitale*, forme octogone, style gréco-byzantin du temps de Justinien, mosaïques étonnantes ; en dehors, tombeau de *Gallia Placidia*. *St-Apollinaire* hors des murs, au milieu des marais. Près de l'une des portes, tombeau de *Théodoric* dont la coupole est un des plus gros monolithes connus. Le tombeau de Dante n'a rien de remarquable.

**Bologne.** Hôtel *Brun*, excellent ; d'*Italie*, plus neuf. La *Piazza Maggiore* précédée de la statue colossale de Jean de Bologne ; église *S. Petronio* et palais moyen âge encadrant la place. Plus loin, les deux tours *Asinelli*. Aspect sévère des rues à arcades et des monuments anciens. L'Université où l'on remarque le cortile et les blasons des étudiants ; musée de géologie assez riche. Académie des Beaux-Arts pour se faire une idée de l'école bolonaise. Musée, *tombeaux étrusques* très curieux. Promenade Marguerite.

Au dehors de la ville campagne riche de culture. *Campo Santo* et *Madonna San Lucca* sur une hauteur ; pour y arriver 5 à 6 kilomètres d'arcades.

De Bologne à Florence route pittoresque des Apennins passant par la Porretta.

**Florence.** Hôtels au centre : *Arno, Grande-Bretagne*;

Nord, Europe, plus modestes. Café-restaurant *Doney*. Place de la *Signoria*, tramways et voitures. Chefs-d'œuvre de la statuaire en plein air : *loggia dei lanzi*. *Palazzo vecchio* et sa tour originale; à l'intérieur, vastes salles, belles peintures, souvenir des Médicis et de nos reines de France. Deux galeries célèbres *degli Uffizi* (salle de la tribune); *Pitti* (chefs-d'œuvre des écoles romaine et florentine). Parmi les églises, le *Dôme* surmonté de la coupole de Brunelleschi, le Baptistère aux portes de bronze de *Ghiberti* ; la chapelle des Médicis, statues fameuses de Michel-Ange, la chapelle des princes. *S. Marco*, musée et fresques de *Fra Angelico*, l'*Annunziata* ; *Sta Maria Novella*, chapelles *Strozzi* et des espagnols; *Sta Croce*, tombeau des grands hommes. Promenade des Cascines, nouvelle promenade de *viale dei Colli*, d'où le panorama de Florence et des Apennins.

Aux environs, *Fiesole* et les murs étrusques. Les bains de Monte Catini sur la route de Pise.

Les deux routes indiquées de Florence à Rome comme les plus intéressantes peuvent être prises, la première à l'aller par Pérouse qui vaut un arrêt (hôtel le plus coquet de l'Italie), et par *Terni*, cascade qui vaut la Handeck en Suisse; la seconde, au retour, par Sienne que l'on ne visite pas assez, qui est pourtant un type du moyen âge. Place curieuse, cathédrale et vieilles églises, etc.

A Pise, entre deux trains, vous avez le temps de voir les quatre monuments. S'il faut coucher, hôtel

*Victoria* sur l'Arno, très bon. Pise n'est pas loin des bains de S. Giuliano et de Lucques, que la princesse Élisa Bacciochi a dotée de si beaux ombrages. De Pise à Gênes station des bains de mer de Viareggio dont il a été question ; plus loin, La Spezzia, bons hôtels et beau pays. En route, vue des montagnes de Carrare.

Gênes. Hôtel *Isotta*, central. Cafés de *Rome*, *Labo*, de la *Concordia* avec jardin. Place *dei Ferrari*, centre du mouvement. *Via Garibaldi*, bordée de palais, mais dangereuse par l'absence de trottoirs. Visiter les nouveaux quartiers par le tour de la Circonvallation, beaux points de vue ; contraste des vieux quartiers et des rues étroites autour du port. Promenade de l'*Acqua sola*. Grand mouvement et grand commerce ; bijouterie.

Aller à l'église de l'*Annunziata* pour sa richesse intérieure. Belles galeries de tableaux, *Brignole*, *Durazzo*, *Balbi*, de toutes les écoles, nombre de flamands. Hôpitaux : *Albergo dei poveri*, *Pammatone*. *Manicomio* pour les fous. Le *Campo Santo*, et aux environs la villa *Pallavicini*.

Nous avons laissé en route bien des villes intéressantes telles que *Brescia*, *Vicence*, *Ferrare* (souvenirs du Tasse). *Parme* mérite un détour pour les tableaux du Corrège. Tout est à voir en Italie.

# ROME

L'arrivée dans la capitale se fait sans encombre ; les portiers des hôtels vous facilitent le débarquement et vous n'avez que le choix des véhicules sur la grande place des termes.

*Hôtels et Cafés-Restaurants.*

Le premier souci du voyageur étant de se loger et de se nourrir, nous commencerons par une revue rapide des hôtels et cafés-restaurants. Il fut un temps où les Français ne connaissaient que la Minerve ; les restaurants de la *Lepre* et de *Bertini* rappelaient ceux du vieux quartier latin ; meilleure cuisine chez les frères Corelli. Actuellement grand choix d'hôtels de premier ordre : le *Grand Hôtel,* le *Continental* et le *Quirinal,* au voisinage de la gare, bons pour qui ne regarde point aux voitures ; les hôtels d'*Italie,* place Barberini, de *Londres,* place d'Espagne ; plus commodes ceux qui s'échelonnent le long du Corso ou rues adjacentes, tels que l'hôtel de *Rome,* d'*Allemagne, Marini, Milan* où descendent les députés. Les prix se rapprochent de ceux de nos grandes villes ; vin généralement à part. Différences suivant les saisons, la durée du séjour, le nombre des membres d'une famille ; quelques-uns acceptent les billets Cook, simplification. Cafés-restaurants le long du Corso : *Rome, Cornelio, Nazionale, Colonna,* Ve-

*nise,* etc., grande ressource pour bien déjeuner à bon compte.

En second lieu, le voyageur doit s'orienter et se mettre au courant des moyens de transport. Les voitures (prix moyen : 1 fr. la course, 2 fr. l'heure) sont bien tenues, assez vivement conduites par des cochers convenables ; tramways d'un prix doux, le plus grand nombre partant de la place de Venise.

Orientation. La place de Venise se rapproche du centre géographique, elle est plus près de la vieille Rome ; la place Colonna est le vrai centre du mouvement pour les étrangers ; c'est la partie la plus gaie, la plus vivante. La place d'Espagne, non loin du Corso, est la ressource des amateurs de librairie et d'objets d'art, on y trouvera de bons plans de Rome et le Guide de Vasi et Nibby, bréviaire du touriste.

Une division naturelle s'établit entre Rome moderne au nord, et Rome antique au sud : dans Rome moderne il faut distinguer les vieux quartiers qui s'étendent de la place du Peuple au Capitole et du Tibre au Quirinal, les quartiers neufs occupant une énorme étendue vers la gare, du côté de l'est.

Le Corso est la grande artère des vieux quartiers, plus grande de renommée que de largeur ; joignez-y l'étroitesse des trottoirs, ce qui fait frémir quand la voie est encombrée par les tramways ou les voitures de luxe qui reviennent du Pincio. Boutiques fort élégantes, poste centrale et Banque nationale à portée.

Nombre de touristes croient gagner du temps en

se lançant immédiatement dans la visite des monuments et des galeries ; ils courent le risque de mal proportionner leur effort. Le mieux, à notre avis, est de prendre une idée générale de la ville, des places, des rues, des édifices, des points de vue.

Les vieux quartiers, n'occupant point une grande superficie, pourront être parcourus à pied ; de la place Colonna, comme centre, les distances ne sont pas grandes et le Corso, aboutissant des rues transversales les plus fréquentées (*Condotti, Frattina, Tritone*), sert de point de repère. Vous voyez ainsi la place d'Espagne, dominée par l'église de la *Trinità*, la *Scalinata*, la fontaine du Bernin. Du même point de départ vous allez à la place du Quirinal par la fontaine monumentale de *Trevi* ; sur cette place est le groupe colossal de Castor et Pollux ; retour par le *forum de Trajan* où est la célèbre colonne aux bas-reliefs. De l'autre côté du Corso, la place *Monte Citorio*, derrière le café Colonna, la place de la *Rotonda*, Panthéon d'Aggripa, la grande place *Navone* aux trois fontaines, obélisque, statues du Bernin ; de ce côté est le palais Madame et l'église Saint-Louis des Français. A l'extrémité nord du Corso est la belle place du Peuple ; à l'extrémité sud, la place de Venise, où est le palais de l'ambassade d'Autriche ; à quelques pas, un des grands théâtres de Rome.

Il y aura avantage à parcourir en voiture les quartiers nouveaux ; autant la circulation est malaisée dans les anciens quartiers, autant elle est facile dans les larges voies récemment ouvertes : *via Quirinale, Venti*

*Settembre, via Nazionale, Cavour, Merulana*, etc., vrais boulevards, bordés de somptueux édifices. Rome, dit-on, a taillé dans le grand ; pouvait-elle faire petit ? Remonter le Corso jusqu'à la place du Peuple, suivre les hauteurs de la splendide promenade du *Monte Pincio*, passer devant la villa Médicis, atteindre la place *Barberini* par la *via Sistina* (fontaine du Triton du Bernin) ; prendre la *via delle Quatre Fontane* vers Sainte-Marie Majeure ; puis la *via Merulana* vers Saint-Jean de Latran ; revenir par le Colisée et le Capitole.

Autre tournée assez longue et intéressante de l'autre côté du Tibre : aller au Transtevere par le pont Garibaldi, monter à la promenade du Janicule en passant par *S. Pietro in Montorio*, la fontaine *Acqua Paola*, le jardin botanique, *St Onofrio* ; redescendre du côté du Vatican en admirant les énormes murs d'enceinte ; traverser la place Saint-Pierre, longer le château Saint-Ange et revenir place du Peuple par les nouveaux quartiers de la place Cavour.

La Rome antique, où règnent le silence et la solitude d'un passé glorieux, se verra en visitant les vieux monuments.

Voici les principaux points de vue où il faudra faire halte pour saisir les divers aspects de la ville aux sept collines : la terrasse du *Monte Pincio* d'où se développe le Panorama de Rome moderne avec les innombrables dômes de ses églises ; plus loin les hauteurs du Janicule, du Vatican et l'immense coupole de Saint-Pierre. Autre belle vue d'ensemble du point opposé, sur le balcon du Belvédère du Vatican, vue analogue à celle du couvent de S. Martino, à Naples. Du mont Palatin ce n'est pas seulement la ville actuelle, mais les ruines de la cité antique qui se déroulent à vos pieds ; de plus, une partie de la campagne romaine. De la terrasse de Saint-Jean de Latran se voient les vieux murs, les aqueducs et les montagnes de la Sabine. Enfin le panorama le plus étendu du haut du Janicule, la plus élevée des collines et, des terrasses de St Onofrio et S. Pietro in Montorio.

Ainsi, quelques promenades à pied du matin aux environs du Corso et deux grandes tournées en voiture, l'après-midi, en supposant le temps favorable et les jours longs, donneront de Rome une idée générale faisant connaître, à vol d'oiseau, les principales rues, les grandes places, les fontaines, les obélisques et quelques œuvres d'art placées en plein air ; enfin la situation approximative des principaux monuments.

Deux époques permettent de voir Rome sous un aspect particulier, le carnaval et la semaine sainte. Ces deux fêtes, d'un caractère opposé, amènent un grand concours de peuple, sujet d'étude de mœurs. Elles ont un peu dégénéré. Dans les premiers temps de l'occupation française, les fenêtres du Corso étaient assiégées par les étrangers de distinction ; la voie bondée de voitures et de piétons ; les batailles de fleurs, de *confetti*, de *mocoletti*, d'un entrain in-

Epoques d<br>fêtes.

croyable ; tout cela sans incidents et sans disputes ; venaient ensuite les bals et réceptions, les brillantes soirées de l'ambassade française données par Mme de Rayneval, où se pressait toute la noblesse de l'Europe.

Les cérémonies de la semaine sainte étaient encore plus imposantes : le Miserere, le lavage des pieds, la Cène ; les fonctions dans les chapelles ; la messe de Pâques où cent mille fidèles pouvaient entrer dans St-Pierre, le pape porté sous un dais et donnant sa bénédiction du haut du balcon ; les troupes françaises sur la place ; les paysans de la Romagne revêtus de leur costume pittoresque, les femmes de la Sabine portant leurs bijoux et leurs étoffes voyantes ; les costumes militaires de toutes nations ; les équipages dorés des cardinaux ; je n'ai vu nulle part si grand spectacle.

Aujourd'hui tout est réduit à des proportions moindres, et l'ambassade française papale est reléguée dans un coin du palais Rospigliosi ; c'est là qu'il faut s'adresser pour avoir une audience du pape : habit noir pour les hommes et mantille pour les dames.

La semaine sainte fait voir que l'esprit de dévotion est encore ardent chez les Romains ; ils arrêtent les prêtres pour leur baiser les mains, et se font toucher par eux avec de longues baguettes pour remettre les péchés ; les confessionnaux sont encombrés.

Ces concours de peuple donnent lieu à des études de type et de caractère ; très beaux hommes parmi les paysans romagnols; chez les femmes traits réguliers et bustes de matrone romaine, extrémités trop fortes. Il est recommandé d'aller voir les blanchisseuses du Transtevere, comme on va visiter les cigarières de Séville. Au Corso, les jours de carnaval, les gens ont l'air de fous; il n'est point de population plus raisonnable dans ses ébats, car ils ne boivent ni se querellent. Le fond du caractère romain est sérieux et réfléchi, il semble qu'il soit resté quelque chose de l'ancienne dignité; sous ce rapport le contraste est frappant avec les Italo-Grecs du sud.

Entre le carnaval et la semaine sainte, le temps du carême, assez triste comme mouvement, est favorable pour le touriste qui circule plus à son aise.

Il y a tant à voir dans Rome que, ne pouvant décrire, nous nous bornerons à indiquer.

Une division naturelle est la suivante; les ruines, Rome païenne; les églises, Rome chrétienne; les musées remplis des monuments de toutes les époques.

### LES RUINES

Elles sont presque toutes dans la vieille Rome, le forum centre principal; des fouilles importantes, sous la direction de Rosa, depuis 1860, ont mis à nu des parties ignorées et beaucoup d'autres sont encore cachées sous un amas de constructions. Cette intéressante visite, vrai pèlerinage des antiquaires, donne l'idée à la fois des modestes débuts et de la grandeur de la Ville éternelle.

**Forum.** On l'a entouré d'une balustrade ; comme il est en contrebas du sol actuel, des escaliers y descendent ; il s'étend en longueur entre le Capitole, le Palatin et le Colisée. Au premier abord tout est confusion dans ces débris incohérents de colonnes, de soubassements, de voûtes ruinées et d'églises chrétiennes superposées ; cependant l'effet général est saisissant. Si vous partez de la base du Capitole après un coup d'œil sur les gracieuses colonnes du portique des dieux, vous voyez l'arc de *Septime Sévère* aux bas-reliefs endommagés, les vieux murs des *Rostres* d'où les Gracques tonnaient contre les patriciens ; les trois colonnes du temple de *Vespasien*, la colonne de *Phocas* isolée ; le soubassement très étendu de la basilique *Julia ;* le temple d'*Antonin* et *Faustine*, le plus complet, dix colonnes en marbre cipolin du péristyle (église St-Laurent), temple de *Romulus* fils de Maxence (St-Cosme et St-Damien) ; trois arcades énormes de la basilique de *Constantin* (St-François). Sur la hauteur, l'arc de *Titus*, plus petit, de forme gracieuse, bas-reliefs élégants ; plus bas, l'arc de *Constantin*, le mieux conservé, statues et bas-reliefs du haut, d'un bon style. En longeant le forum vous foulez les pavés polygonaux de la *voie sacrée*. Les arcs de triomphe ont servi de modèles à ceux des capitales de l'Europe.

**Palatin.** Au sud du forum se dresse une colline peu élevée, aux bords escarpés, surmontée d'un plateau qu'embellissent les jardins Farnèse. Ici recueillez-vous; c'est le berceau de Rome, la cité du troyen Évandre et de Romulus dont le mur reste encore. Là sont accumulés, parfois superposés, les restes immenses des palais des Césars; les voûtes énormes du palais de *Caligula* et les arches démantelées du pont qui le reliait au Capitole; le palais de *Tibère*, dont le *tablinium* et le *triclinium*, ornés de fresques, feraient bonne figure à Pompéi; le palais de *Domitien;* les fresques des bains de Livie en un souterrain profond. D'immenses galeries de communication ont été déblayées, le plus grand nombre ne l'est pas encore. Dans la partie haute soubassement du temple de Jupiter *Stator;* vers le sud, restes du *Circus maximus.*

Du Capitole antique il ne reste plus que les substructions. La *roche Tarpéienne* se visite en demandant la clef d'un jardin privé; désillusion, le bas étant encombré de barraques.

Amphithéâtre Flavien, du nom de ses constructeurs Vespasien, Titus, Domitien, situé dans l'excavation des étangs de Néron; dégradé par les barbares, plus encore par les princes romains qui y prenaient pour édifier leurs palais, réparé par les derniers papes. Il manque une grande partie du cercle vers le Palatin, au dedans plus de gradins.

<small>Colisée.</small>

L'extérieur présente trois rangs d'arcades superposées, des trois ordres d'architecture, pour couronnement un attique; dans le bas énormes quartiers de travertin posés sans ciment. Les arcades d'entrée ont encore des numéros. Entrée libre par des arcades en traversant quatre galeries circulaires, escaliers allant aux gradins par les vomitoires ; il est possible de monter pour voir les trous des poutres du *velarium* et surtout la vue. Dans l'arène il y avait autrefois une croix de bois et des niches de saints, qui, naturellement, ont disparu, le *podium* est ainsi plus dégagé. Des fouilles nouvelles ont déterré de belles substructions dans l'arène ; on aurait pu s'y prendre depuis longtemps puisque l'on connaissait celles de Capoue qui auraient dû donner l'éveil.

Dimensions importantes : périmètre 525 mètres, ellipse de l'arène 92 sur 60, hauteur de l'Attique 50 ; la masse du monument le fait paraître moins haut. Il était pour 100,000 spectateurs. Il faut y aller le soir au clair de lune ; l'impression est plus vive que dans les fêtes, aux feux de Bengale. Le grand bruit convient peu au recueillement qu'inspire le passé.

Rappelons qu'après le Colisée vient le cirque de Capoue pour 60,000 spectateurs ; celui de Vérone où les gradins de marbre sont intacts ; un des mieux conservés est notre amphithéâtre de Nîmes pour 30,000 spectateurs.

Dans le même quartier est le temple de *Vesta* ou de la Sibylle, près de la place *Bocca della verità*, de forme circulaire, à colonnes comme à Tivoli. Près du *ponte rotto* le temple de la *Fortune*. Le premier de ces temples très bien conservé. Les autres monuments sont disséminés.

**Panthéon.**  Place de la Rotonde, derrière la place Colonna, porte le nom d'Agrippa sur la frise ; autrefois élevé sur marches, maintenant enfoncé dans le sol. Les colonnes du portique sont d'énormes monolithes, chapiteaux de marbre, corinthiens ; porte de bronze antique. La coupole, qui a servi de modèle aux architectes de la Renaissance, est aussi lourde vue du dehors qu'elle est élégante au dedans ; ouverte en haut à la mode orientale, sans toit. C'est le monument de quelques grands hommes, Raphaël, *A. Carrache*; tombeau du cardinal *Consalvi*, de *Thornwaldsen*; tombeau de *V. Emmanuel*, richement décoré, etc.

**Cirques.** Il ne reste rien du *C. agonale* de la place Navone, des vestiges du *C. maximus*. Le seul qui donne l'idée de ces champs de course est celui de *Romulus* fils de Maxence (*via Appia*): longueur demi-kilomètre ; conservés, les deux longs murs se rejoignant en courbes, les *mete* (bornes), le petit autel des sacrifices, la grande porte (inscription an 311); la tour de l'empereur, des *Tibicini*.

**Mausolées.** Peu de chose du mausolée d'Auguste si pompeusement décrit ; sur l'emplacement, près du pont *Ripetta*, grand cirque moderne. Heureusement il reste quelques beaux modèles : tombeaux d'*Adrien* (château Saint-Ange), de *Cecilia Metella* et *Casale rotondo* (*via Appia*), tombeau de *Plautia* (route de Tivoli); je ne parle pas du tombeau des Scipions où rien à voir aujourd'hui. Ces monuments sont de grosses tours de construction massive, amas de béton consolidés par des pierres en boutisse ; revêtement en pierres de taille, corniche et frise ; cavité conique à l'intérieur noyée dans des murs épais ; tufs de gazon à la cime. Les créneaux datent du moyen âge où ils furent changés en forteresses. La tour de Cecilia Metella est citée comme type à cause de sa conservation et de sa proximité. Casale rotondo, à 9 kilomètres sur la via Appia, est plus grandiose et la vue sur la campagne romaine très belle. On n'aura pas perdu son temps le long de la voie pavée de dalles polygonales anciennes et bordée de tombeaux parmi lesquels ceux des Horaces, de Sénèque, etc. La tristesse de la campagne romaine s'harmonise avec le souvenir des grands hommes dormant sous la froide ligne de pierres.

**Thermes.** Les adeptes de la médecine thermale visiteront avec détails ces monuments si caractéristiques des mœurs romaines. Les thermes, empruntés à la civilisation grecque, ne prirent leur vrai développement que sous l'empire ; la république de Caton se contentait du Tibre. Les empereurs, qui construisaient à la mode des géants, élevèrent d'énormes édifices ; c'étaient en même temps des gymnases pour les exercices du corps et de l'esprit, à l'instar des Grecs. De grandes salles portaient les noms de *Frigidarium*, *Tepidarium*, *Calidarium*, suivant la température ; les procédés de chauffage sont encore usités dans les bains turcs. Les bains proprement dits s'appelaient *frigida*, *tepida*, *calida lavatio*. On entrait par l'*apodytherium*, puis l'*unguentarium* ; le xyste pour promenades ; le stade pour exercice ; la bibliothèque et l'exèdre pour les leçons ; les peintures et les statues pour l'art.

L'étude des thermes romains donne une idée de la destination et de la grandeur de ces édifices ; elle sera plus fructueuse pour ceux qui connaissent les thermes de Pompéi, d'une échelle plus restreinte, d'une conservation plus complète, plus vivants en un mot.

Les mieux conservés, ici, sont les thermes de Caracalla ou *Antoniane*, près de la porte St-Sébastien, extrémité de la vieille Rome. On les parcourait librement, non sans danger pour qui montait sur les voûtes entr'ouvertes. Aujourd'hui clôture et entrée payante, bonnes explications des gardiens. Construction digne des Babyloniens par sa masse, d'un kilomètre et demi de tour. Vous verrez le vestibule, les chambres des gens de service, les salles de palestre ; la grande piscine pour 1600 baigneurs, les restes de tuyaux de poterie du caldarium, la pinacothèque, etc. Des tronçons de colonnes, de forts chapiteaux gisent à terre ; des fragments de voûtes ornées de mosaïques ; de jolis mosaïques pour pavé. Là se trouvèrent le Taureau et l'Hercule Farnèse, la Vénus callipige, la Flore, le torse du Belvédère, les baignoires de basalte du Vatican.

Les thermes de *Dioclétien*, plus vastes, pouvaient admettre 3000 baigneurs, il n'en reste plus que de grosses murailles ; sur l'emplacement, magasins, églises, etc ; dans le musée, belles statues antiques récemment trouvées.

Les thermes de *Titus*, sur une hauteur voisine du Colisée, bâtis sur les débris du palais de Néron dont il voulait effacer la mémoire; il n'en reste que des pans de muraille. Le palais de Néron est sorti de terre par les fouilles de Jules II et par celles de 1812. Les fresques ont inspiré, dit-on, celles des loges de Raphaël ; elles ne peuvent se voir qu'à la lumière dans les chambres et les galeries souterraines ; les chambres, très vastes, ont une grande porte et une grande fenêtre. Les enduits des murs sont d'une préservation curieuse. De ces fouilles est sorti le groupe de Laocoon.

Les thermes d'*Agrippa* étaient les plus anciens ; il n'en reste que de gros murs et de grandes niches derrière le Panthéon. Rien des thermes de Néron (palais Madame), des thermes d'A. Sévère (place Navone), des thermes de Constantin (palais Rospigliosi), inutile d'en chercher les traces.

Nous pourrions encore parler des prisons Mamertines aux lugubres souvenirs, du forum de Trajan, vu à la course, de la pyramide de C. Sextius ; des obélisques en si grand nombre ; des ponts anciens, du pont brisé d'Horatius Coclès, en particulier, du vieux pont St-Ange orné de statues ; des portes et des murs d'enceinte, tours et créneaux. Chaque sortie hors de ces murs sera une occasion de s'arrêter. Décrire et même mentionner toutes ces choses dépasserait notre but ou bien nous tomberions dans la simple énumération, dans le programme.

### LES ÉGLISES

Rome est la ville des églises, il y en a plus d'une

par mille habitants. Les plus anciennes remontent aux premiers siècles du christianisme officiel, plus ou moins remaniées ou rebâties; les plus belles sont renaissance; les plus modernes rococo; le gothique à peu près absent. L'ornementation est d'une extrême richesse et les œuvres d'art d'une incalculable valeur. Les colonnes antiques viennent des temples payens. Les basiliques seules sont ouvertes toute la journée; les autres ferment après déjeuner, source de déception pour l'étranger.

**St-Pierre.** Reine des églises de la chrétienté par ses proportions et par sa splendeur. Jules II eut la pensée de refaire l'ancienne basilique sur les dessins de Bramante; Michel-Ange et plusieurs autres architectes y travaillèrent sous les papes successeurs. Œuvre de 200 ans, changements de plan, remaniements, tout cela aboutit à la construction actuelle.

La place St-Pierre, pas assez grande pour l'église, est magnifiquement cerclée par la colonnade du Bernin; proportions imposantes des portiques, des colonnes, des statues. De la place admirez la façade de *Maderno*, la terrasse bordée des statues colossales des apôtres, la coupole dominant. La coupole ne produit pas tout son effet vue de trop près; la façade trois fois plus large que haute paraît un peu lourde.

Dans le portique, statues équestres de Constantin et de Charlemagne, belles portes de bronze, mosaïques de *Giotto*. Les nefs sont à perte de vue et la coupole intérieure saisissante. Un simple rapprochement donnera l'idée de la dimension des piliers;

leur superficie est égale à celle de quatre petites églises d'un carrefour. Parmi les merveilles artistiques : la *Piété*, de Michel-Ange ; le tombeau de *Clément XIII* et les deux lions de *Canova*, le premier endormi, le second redressant furieusement la tête ; le tombeau des *Stuarts* et les deux anges de Canova ; le tombeau de la comtesse *Mathilde* et tant d'autres ; l'énorme statue en bronze de St Pierre dont l'orteil est usé par les baisers des fidèles. Baldaquin monumental du maître-autel aux colonnes de bronze ; tribune et chaire de St Pierre ; confession de St Pierre, dans la crypte ; souterrains de la primitive basilique.

L'église a 187 mètres de long sur une hauteur de 140 mètres. L'ascension de la coupole se fait par des escaliers ménagés dans la double voûte ; de la galerie, vue immense de la ville et des environs. Si, par curiosité, on monte dans la boule, place pour dix personnes, je dois avertir que, par un temps chaud, on y étouffe. La galerie intérieure de la coupole, pourtour 133 mètres, fait voir tout l'intérieur. La coupole est à peu près pareille à celle du Panthéon d'Agrippa, énormes figures en mosaïques d'un grand effet.

**Ste-Marie Majeure.** Perchée sur l'Esquilin, son clocher se perdant dans les airs ; de la terrasse postérieure la vue plonge dans les grandes voies nouvellement ouvertes. Façade de *Fuga*, beau portique. Dans l'intérieur, colonnes en marbre de Paros, pavé riche, plafond de *S. Gallo* ; baldaquin du maître-autel porté sur quatre colonnes de porphyre ; mosaïques des premiers siècles sur les parois de l'abside. La chapelle du Saint-Sacrement renferme le tombeau de Sixte V, par *Fontana* ; dans la partie basse, crèche de l'Enfant Jésus. La chapelle *Borghèse*, l'une des plus riches de Rome, possède les deux tombeaux de *Clément VIII* et de *Paul V*; peintures des arceaux de *Guido Reni*, fresques de la coupole de *Cigoli*.

**St-Jean de Latran.** Au sud-est, porte Saint-Jean ; de Sainte-Marie Majeure, par la via Merulana ; sur la place se dresse le plus grand obélisque de Rome. Vue des vieux murs, des aqueducs dans la campagne, des montagnes de la Sabine. Cette basilique, fondée par Constantin, fut reconstruite par Fontana et *G. della porta*. Belle façade ; à l'extrémité du portique statue colossale de Constantin. Colonnes de granit des nefs, malheureusement encastrées dans des piliers, pavé très riche, plafonds à caissons dorés. Chapelle *Corsini* très ornée, tombeau de *Clément XII*; chapelle du *Saint-Sacrement*, colonnes de jaune antique; chapelle *Torlonia*.

Au voisinage de l'église sont le Musée et la *Scala Santa* qui ne se monte qu'à genoux.

**St-Paul hors des murs** Le chemin de la porte Saint-Paul passe au pied du Palatin, de l'Aventin et du Testaccio ; près de la porte est la pyramide de C. Sextius encastrée dans le mur d'Aurélien. L'ancienne basilique, incendiée en 1823, est reconstruite avec magnificence ; profusion de marbres, dorures, plafond à caissons dorés. L'empereur de Russie a donné des autels de malachite, le pacha d'Égypte des colonnes d'albâtre. Les quatre-vingts colonnes de granit des Alpes, monolithes, rappellent la forêt de colonnes de la mosquée de Cordoue ; tout autour de la nef, portraits des papes en mosaïque. Candélabre de marbre aux reliefs grossiers du XIIe siècle ; sur un antique arceau, mosaïques du Ve siècle, de *Galla Placidia,* dans le genre de celles de Ravenne à son tombeau. Le cloître, du XIIIe siècle est entouré de colonnettes très légères. La façade de l'église est en construction, les mosaïques modernes auront de grandes proportions.

Saint-Paul aux trois fontaines, lesquelles jaillirent aux trois sauts de la tête du martyr.

Les autres basiliques, hors des murs, sont *Saint-Laurent, Sainte-Agnès, Saint-Sébastien;* ces deux dernières visitées pour les catacombes. Les plus intéressants de ces souterrains sont ceux de *St-Calixte,* près St-Sébastien, où l'on descend en groupes avec des lumières, sous la conduite d'un moine. Les galeries des tombeaux creusées dans la pouzzolane, assez étroites, aboutissent à quelques excavations plus larges dites chapelles des premiers chrétiens. Cette visite n'a de frappant que le souvenir.

**Églises du Transtevere.**
Elles méritent une longue visite par la promenade du Janicule indiquée plus haut. En premier lieu :

*Ste-Marie* du *Transtevere* où était la *fons olei,* première basilique de Rome vouée au culte chrétien : beau pavé de marbre, colonnes de granit des temples païens ; au plafond, Assomption du *Dominiquin* ; mosaïques du XIIIe siècle.

*Ste-Cécile :* dans la cour, vase de marbre des premiers chrétiens; mosaïques du chœur du ixe siècle, mauvaise époque, figures longues, regards hébétés. Dans la chapelle, baignoire où elle fut échaudée et la pierre de la décollation. Sous le maître-autel, merveilleuse statue de *Stefano Maderno*, en raccourci, suivant la pose où fut trouvée la sainte.

St-Pierre in *Montorio* et *St Onofrio* se distinguent par le panorama de leurs terrasses indiqué plus haut, (points de vue). La première conserve la tradition du martyre de St Pierre; dans le cortile, petit temple de Bramante d'un joli travail. La seconde renferme le tombe du *Tasse;* sa chambre, son arbre ruiné par la foudre.

Dans les environs des thermes de Titus, où l'impératrice Eudoxie déposa, au ve siècle, les chaînes de l'apôtre. Restaurée plusieurs fois cette église a de belles colonnes de marbre grec; mais la principale attraction est le *Moïse* de Michel-Ange dans le monument de Jules II ; c'est une de ces œuvres dont on ne dit rien, car elle parle d'elle-même. **St-Pierre in Vincolis.**

Que d'autres églises encore; leur seule énumération remplirait des pages : *Sta Maria del popolo,* chapelle *Chigi; Sta Trinità dei monti,* tableau de Daniel de Volterra ; église des Sts-Apôtres, tombeau de Clément XIV, de Canova ; *Ste-Marie des Anges* sur les ruines des thermes de Dioclétien, très vaste; Ste-Marie *Ara Cœli* (Capitole); église de *Gesù,* grande, richement ornée; Ste-Marie *soprà Minerva,* St-Louis des Français, etc.

Cette revue rapide des principaux édifices religieux

démontre suffisamment que les chrétiens trouveront ici les mêmes satisfactions que les antiquaires. D'une part, les légendes des premiers fidèles et des martyrs; de l'autre, les efforts des papes et des grands génies pour rehausser l'idée du culte par la puissance et la grandeur des œuvres. Il nous reste à parcourir les musées ou collections.

## LES MUSÉES

**Vatican.** Situation au delà du Tibre, sur l'une des sept collines. Ancien palais de Charlemagne, reconstruit à partir du xii° siècle, embelli par les grands architectes sous Jules II et Léon X, cependant confus et médiocre d'ensemble. Deux visites distinctes pour la peinture et la sculpture.

L'entrée de la peinture par la *Scala regia* du Bernin est grandiose et d'une surprenante perspective. Les gardes du pape dans leur costume moyen âge rappellent ceux de la tour de Londres. Début par la chapelle *Sixtine*, trop sombre, où Michel-Ange travailla trois ans à son jugement dernier et aux sujets bibliques du plafond. Le jugement est une œuvre stupéfiante, un peu confuse. Parmi les fresques latérales, Baptême de Jésus, du Pérugin. Une montée raide conduit à la salle de l'Immaculée-Conception; grande mosaïque d'Ostie et jolies fresques modernes.

Les *chambres* de *Raphaël* méritent leur immense célébrité; il est fâcheux que la lumière y soit si mal disposée : chambre de l'incendie, chambre de l'école d'Athènes où la Dispute du St-Sacrement et la paroi des Philosophes ravissent le spectateur. Que de figures vivantes : Platon et Aristote sous le Portique, à gauche Socrate et Alcibiade; en bas Pythagore et Archimède, Zorastre et Ptolémée; Diogène, Raphaël et son maître ne sont pas déplacés parmi ces têtes antiques dont le génie du peintre consacre l'immortalité. Dans la chambre d'héliodore chassé du temple on voit St-Léon en face d'Attila, c'est-à-dire la force brutale reculant devant la majesté religieuse; bel effet de lumière sur la paroi de St Pierre en prison. Dans la salle de Constantin Bataille contre Maxence, œuvre de grandes proportions de J. Romain.

Après les loges, moins intéressantes, vient la galerie de tableaux bien éclairée. La salle des chefs-d'œuvre contient la *Transfiguration*, la madone de *Foligno;* la communion de St Jérôme du *Dominiquin*. A signaler plus loin : une madone et la Résurrection, excellent tableau du *Pérugin*, où le soldat endormi a les traits de Raphaël, le Couronnement de la vierge, de Raphaël (à 19 ans, première manière); déposition de croix de Michel-Ange de *Caravaggio;* extase de Micheline de *Baroccio;* martyre de St Erasme, du *Poussin;* quelques Murillos. Tous ces tableaux sont de premier ordre.

La sculpture est à l'autre bout du Vatican, *Museo Pio Clementino, Chiaramonte*. Dans la salle à croix grecque, grande mosaïque ancienne pour pavé; deux sarcophages en porphyre rouge d'Hélène et de Constance dont les bas-reliefs étonnants de conservation. La Vénus de Praxitèle analogue à celle de Milo. Dans la salle ronde, grande coupe de porphyre rouge des thermes de Titus ; dans la salle des muses charmantes figures des fouilles de Tivoli ; puis les bustes d'empereurs. La cour du Belvédère est entourée des quatre cabinets des grands chefs-d'œuvre : 1° Le *Laocoon* des thermes de Titus ; 2° l'Apollon du *Belvédère* d'*Antium* ; 3° l'*Antinoüs* ; 4° les lutteurs et le Persée de *Canova*. C'est un grand honneur pour Canova d'occuper un de ces cabinets. Ces chefs-d'œuvre sont reproduits en plâtre dans tous les musées. Plus loin le Méléagre, le torse antique.

La grande galerie allant au musée Chiaramonte conduit au *Braccio nuovo :* statues des niches ; groupe du Nil au centre ; l'athlète, Démosthènes, etc. Ne pas oublier la chambre de la *Biga* où est le char antique ; la galerie des tapisseries d'Arras.

La bibliothèque est remarquable par le grand salon de Sixte V ; vases de Sèvres, coupe de malachite, baptistère de Napoléon IV. Dessin primitif de la basilique de St-Pierre, à croix grecque, par Michel-Ange. Bijoux romains, cabinet des papyrus, manuscrits. Perspective curieuse des appartements.

Le musée étrusque enrichi par les fouilles des cités antiques.

Capitole. Reconstruit sur les plans de Michel-Ange et autres, n'a plus l'aspect antique. Au pied du grand escalier sont les lions de basalte, plus haut les colosses de Castor et Pollux que nous avons déjà rencontrés à Monte Cavallo ; les colonnes miliaires. Sur le terre-plein, la statue équestre en bronze de *Marc Aurèle* (l'antiquité nous a laissé peu de statues équestres).

Le Capitole se compose de trois palais dont le principal contient le musée. Dans la cour la figure satirique du *Marforio*. Dans l'intérieur, la *Vénus* dite du Capitole, ressemblant à celle de Praxitèle ; le Faune de Praxitèle, l'Antinoüs, le Faune rouge antique ; le *Gladiateur* mourant, type gaulois ; la salle de la mosaïque, des Colombes ; le plan de Rome antique.

Dans le palais des conservateurs, à signaler la louve de Romulus.

**Palais Quirinal.** Dominant les anciens quartiers, devenu l'aboutissant de larges voies nouvelles, remarquable par ses jardins et ses beaux arbres verts. Collection de tableaux modernes ; dans la chapelle, l'Annonciation du *Guide* ; suave est la figure de l'ange.

Les palais et les villas des nobles Romains sont autant de musées dont chacun ferait l'honneur d'une grande ville.

**Villa Borghèse.** Plus loin nous dirons un mot des villas. Ici, riche collection de statues antiques. Au rez-de-chaussée, splendide salle de la galerie ; le Gladiateur ; cabinet de l'Hermaphrodite (même pose que celui du Louvre). Au premier, œuvres de la jeunesse du Bernin ; David, Apollon et Daphné, Énée portant Anchise ; Vénus triomphante, de Canova, sous les traits de Pauline Borghèse.

**Palais Borghèse.** Quartier de la place S. Carlo ; un des beaux palais de Rome, 1590 ; cour entourée de colonnes de granit. Douze salles de tableaux. De Raphaël : déposition de croix, portrait satanique de C. Borgia ;

du Titien, Amour sacré et profane ; du Corrège, Danaé relevant sa robe avec une expression charmante ; du Dominiquin, la Sibylle, la Chasse de Diane.

**Palais Colonna.** Quartier de la place Colonna, place des Sts-Apôtres ancienne demeure de Jules II ; ponts le reliant au Quirinal. Dans le grand salon, fresque de la voûte représentant la bataille de Lépante, d'un bel effet ; Assomption de Rubens, une madone de J. Romain, une autre de P. Vecchio ; la paix avec les Sabins, figurines de *Ghirlandajo* ; plusieurs paysages de S. Rosa et du Poussin ; miroirs ornés de Ch. Maratte ; le Jugement dernier de Michel-Ange sculpté en ivoire.

**Palais Doria.** Entrée par derrière le collège romain, près la place de Venise. Galerie à quatre ailes bien disposée pour la lumière. Les deux nobles Vénitiens de Raphaël sont-ils authentiques ? La Jeanne de Naples est une copie de celle du Louvre, le Sacrifice d'Abraham du Titien encore contesté ; le portrait de Machiarel attribué à plusieurs peintres. Il faut se faire à ces doutes qui ne sont pas rares au sujet des œuvres d'art. Portrait d'Innocent X de Velasquez ; moine de Rubens ; de Cl. Lorrain, le moulin ; du Poussin plusieurs paysages ; un Memling, etc.

**Palais Barberini.** Construction élégante de C. Maderno et du Bernin, place Barberini, sur le chemin de la gare. En arrivant, lion antique. Grand salon dont la voûte est ornée de la superbe fresque de P. de Cortona, la Gloire. Tête idéale de G. Reni, la *Beatrice Cenci*, copiée partout (un des types les plus ravissants conçu par l'imagination d'un peintre inspiré); une *Fornarina* de Raphaël différente de celle de Florence; chacun trouvera la vraie celle qui répond à son genre de beauté ; Sainte Famille d'*A. del Sarto;* Adam et Ève du Dominiquin ; l'Esclave du Titien, figure peu sympathique ; paysages de Cl. Lorrain.

**Palais Rospigliosi**

Près du Quirinal, on y va pour l'*Aurore du Guide* son autre chef-d'œuvre. Rien de plus céleste que ce char d'Apollon emporté dans l'espace et ces Sylphides suspendues dans les airs ; les deux figures les plus aériennes sont celles de la nymphe qui suit le char et de la blonde à la jupe bleue. Du Dominiquin, Adam et Ève, David vainqueur ; de L. Carrache, Samson renversant les colonnes du temple ; encore du Guide Persée et Andromède.

**Palais Corsini.**

Au Transtevere, vastes jardins vers le Janicule ; architecte Fuga ; souvenir de Christine de Suède. L'escalier monumental conduit à la galerie qui possède beaucoup de tableaux de maîtres : une figure suave, vierge de C. Dolci très copiée, une autre de Murillo ; une Hérodiade de Guido Reni. Deux *Ecce homo* du Guide et du Guerchin, cette dernière tête exprime mieux la douleur. De Ch. Maratte une annonciation et une sainte famille où figure sa fille Faustine ; Portraits : de J. Romain, *M. Ghiberti ;* du Titien, Philippe II ; de Holbein, Luther ; plusieurs autres de V. Dyck. Un Christ d'ivoire de M. Ange, un bronze de *B. Cellini* (enlèvement d'Europe).

Du même côté est le palais Farnèse, construction

de premier ordre de *Michel-Ange, S. Gallo, Vignole*, superbe corniche et cortile très élégant. Fresques de Carrache. Là est l'ambassade française où se sont données de brillantes fêtes.

La *Farnésine* vaut une visite pour les fresques de Raphaël : triomphe de Galatée, Fable de l'Amour et Psyché ; une tête au charbon de Michel-Ange et les perspectives de *B. Peruzzi*.

Dans la galerie Saint-Luc : Diane et les nymphes avec Callixte du Titien ; une fortune du Guide, un paysage de Cl. Lorrain, bel effet d'une tour dans la mer.

Il y aurait encore la galerie *Chigi*, les œuvres d'arts disséminées dans les villas et les ateliers ; tout cela quand on a beaucoup de temps à dépenser. Rome peut être considéré comme un immense musée où chaque pas vous mène à quelque chef-d'œuvre. Les galeries particulières sont gracieusement ouvertes aux étrangers, quelquefois d'une entrée difficile à trouver sur les derrières des palais, en général haut perchées ; mais une fois arrivé que de compensations à vos peines. Vous remarquerez combien Cl. Lorrain et N. Poussin, paysagistes français, y tiennent une place honorable. Notre musée de Paris nous a déjà initiés aux beautés de l'école Romaine et de la Vénitienne. Il est facile de connaître ici les côtés gracieux de l'école Bolonaise.

## LES ENVIRONS

La campagne romaine a une réputation de tristesse et d'insalubrité justifiée encore aujourd'hui, quoiqu'il y ait eu des changements. Peu habitée, peu cultivée, elle offre, vue de haut et de loin, l'aspect d'une vaste plaine, tandis qu'en la parcourant on la trouve sillonnée de ravins et de monticules. Cette contrée déserte et silencieuse, entrecoupée de murailles et d'aqueducs anciens, n'est pas pour déplaire aux esprits qui aiment à rêver des siècles passés. Pour bien connaître la campagne il faut la parcourir à cheval, un peu à l'aventure, comme les fermiers des prairies armés de leur lance ; il faut voir les buffles ruminants aux bords des ruisseaux, les huttes où se prépare le fromage peu ragoûtant des vaches aux grandes cornes. Vous ne voyez rien de cela dans les routes battues.

Les villas sont autant d'oasis dans le désert des prairies romaines : villa *Borghèse*, à la porte du Peuple, dont le parc ombragé a 6 kilomètres de tour ; villa *Torlonia* du même côté (antiquités et bons tableaux); villa *Doria* de l'autre côté du Janicule, magnifiques jardins et promenades sous des arbres séculaires ; villa *Madama*, située sur une colline du monte *Mario*. Charmantes promenades de voiture.

Voir en détail les environs de Rome demanderait un long temps ; nous nous bornerons aux excursions principales.

Par tramway à vapeur, porte St-Laurent ; vous suivez la voie Tiburtine, vallée de l'*Anio*. Toujours la campagne romaine avec son caractère. Station des *Acque Albule* dont mention sera faite plus loin. Au

**Tivoli.**

*ponte Lucano* la tour de *Plautia* attire les regards. Station de la *villa Adriana* qui sera visitée au retour entre deux trains. Le train prend à gauche par une forte rampe dans la forêt d'oliviers. En entrant à Tivoli, villa d'Este (fresques de *Zucchari*, beaux jardins). En général on débarque à l'hôtel de la Sibylle pour y déjeuner sur la terrasse, à côté du temple, en vue des cascades ; le nouvel hôtel est mieux tenu. Il paraît que le temple dit de la Sibylle est le temple de Vesta, l'autre, plus petit, est à côté.

Faites en voiture le tour du Belvédère d'où la vue embrasse la campagne que vous venez de parcourir et les cascades ; vous verrez sur ce parcours les ruines méconnaissables des villas de *Catulle*, d'*Horace*, de *Q. Varus*; les gros tuyaux de fonte qui conduisent l'eau, etc. ; vous descendrez à pied aux cascades jusqu'au gouffre des Syrènes et à la grotte de Neptune ; vous verrez les cascatelles et les rochers incessamment formés des tufs de l'Anio. La grande cascade, où la rivière tombe de près de 200 mètres par les tunnels du *Monte Catillo* (œuvre de Grégoire XVI, 1834), peut se voir d'en haut pour ceux qui craignent une montée pénible au retour. La villa de *Mécène*, qui est dans la partie basse, n'a plus rien d'intéressant que ses immenses voûtes et, de sa terrasse, la vue sur Rome.

La *villa Adriana*, dont le pourtour dépasse 10 kilomètres, est un spécimen curieux des fantaisies d'un empereur. Adrien a voulu reproduire, sur une assez grande échelle, ce qu'il avait vu dans ses voyages :

Champs Élysées, vallée de Tempe, temple de Canope, de plus, un champ de Mars, un théâtre maritime, etc. Il faut les yeux de la foi pour retrouver tout cela dans ces ruines incohérentes.

Il serait intéressant de pousser jusqu'à *Subiaco* par *Arsoli* et de monter un instant au village de *Chervara*, vrai nid d'aigle accessible par des escaliers, lequel donne une idée des villages des Apennins. A Subiaco, couvent de *Ste-Scholastique*. Plus loin, sur la hauteur couvent de *St-Benoît*, bâti dans le rocher au-dessus d'un ravin sauvage; ce rocher forme la voûte de la chapelle. Grotte de St-Benoît, sa statue; fresques effacées, etc.

**Frascati.**

Aujourd'hui chemin de fer, je conseillerais volontiers la promenade en voiture que l'on faisait autrefois de Rome à Albano, par la *via Appia nuova*; visiter les lacs de Nemi et d'Albano qui ressemblent aux lacs de Savoie, entourés comme eux de côtes verdoyantes; *Castel Gandolfo* domine le lac d'Albano. Prendre la route de Frascati à travers un bois touffu et suivre le plateau où la vue plonge dans la campagne et vers la mer; *Marino* et *Grotta ferrata* se dessinent sur les côteaux; les papes allaient passer l'été dans ces villages frais et verdoyants.

A Frascati ressources d'hôtels; belle vue jusqu'à l'embouchure du Tibre; du côté des Apennins vallées et prairies vertes. A visiter les villas *Aldobrandi, Mondragone, Tusculana*, bien ombragées; allées d'ormes, de chênes verts, de gros lauriers, etc.; en un mot, contraste complet avec la plaine. Les ruines de *Tusculum* sur la hauteur, un quart d'heure à pied. Restes de l'amphithéâtre, du théâtre, des thermes, de la *Schola* de Cicéron. C'est encore un pèlerinage pour les esprits nourris de souvenirs classiques. Retour par la *via Tusculana*, aqueducs de l'*Acqua felice*. La course en voiture un peu longue, plus dispendieuse, permet de tout voir en une journée. Déjeuner à Albano ou à Frascati suivant l'heure du départ.

**Palestrina.** Course très longue en voiture, sortir par la *porta Maggiore* et suivre la *via Labicana* entre les routes de Tivoli et de Frascati. Si vous y allez un dimanche vous verrez les paysannes de la Sabine parées de leurs bijoux et de leurs écharpes voyantes ; types appréciés des peintres. Il ne reste que des débris de la cité antique ; le temple de la Fortune laisse voir ses quatre terrasses, les grandes niches des statues, les soubassements à pierres polygonales de construction pélasgique, l'antique façade d'un palais Barberini, etc. Palestrina est déjà élevée et les rues à escaliers n'y sont pas commodes. Du haut du rocher qui domine, vue grandiose des Apennins, de la mer et de la vaste plaine du Latium au milieu de laquelle les collines d'Albano et de Frascati paraissent comme un îlot isolé.

L'excursion d'Ardée, petit village assis sur un rocher circulaire (*tenet Ardea nomen*), donne à penser que Turnus avait une pauvre capitale ; elle permet de voir *Pratica* l'ancienne, *Lavinium*, *Antium*, *Nettuno* et sa forêt célébrée par Virgile. Maintenant un chemin de fer conduit à *Porto d'Anzio*, un autre à Ostie où les fouilles ont fait sortir tant de trésors de sculpture gréco-romaine. Ce côté est devenu très accessible. *Veïes*, longtemps la rivale de Rome, est à 18 kilomètres au Nord.

### LES EAUX POTABLES ET MINÉRALES, SOL, CLIMAT.

**Eaux potables.**

Rome est la capitale la mieux pourvue d'eau. Les ruines des anciens aqueducs, dont plusieurs fonctionnent aujourd'hui, montrent la sollicitude de ce peuple à cet égard. La direction de ces conduits gigantesques part, en général, des montagnes de la Sabine à l'est. La *Marcia* passait pour la plus pure ; elle avait un trajet de 90 kilomètres, ensuite la *Claudia*. L'aqueduc de Claude se montre en suivant la *via Prenestina*.

Ces eaux aboutissent aujourd'hui aux fontaines qui ornent les principales places : l'*Acqua felice* à la fontaine *dei Termini* décorée de quatre statues colossales ; l'*Acqua vergine* à la fontaine de *Trevi*, œuvre monumentale de Clément XIII ; elle passe par la villa Borghèse. Belles fontaines de la place St-Pierre, de la place d'Espagne, Barberini, Navone, etc. Nous nous sommes arrêtés à quelques-unes au passage. Une masse d'eau venait du lac *Bracciano* sous Trajan ; la fontaine de l'*Acqua Paola* qui fixe les regards dans la promenade du Janicule est due à Paul V ; ses colonnes antiques, empruntées au forum de Trajan, sont d'un bel effet. Nous avons dit un mot des gros conduits de fonte du coteau de Tivoli. Nos ruines du pont du Gard donnent une idée des vieux aqueducs romains.

**Eaux minérales.** Les eaux minérales de la contrée qui nous occupe sont nombreuses et importantes, ce qui s'expliquera, plus loin, par la nature du sol ; leur installation ne répond pas toujours à leur valeur. Je passe sous silence les *bagni d'Acqua santa*, eau ferrugineuse, à 3 kilomètres de la porte St-Jean. L'*Acqua acetosa* est une eau de table sur la route du *Ponte molle;* elle est décorée d'un élégant portique du Bernin, et coule par trois robinets pour les buveurs qui s'y arrêtent ; elle s'exporte ; c'est une eau assez abondante, fraîche, 16 degrés, piquante, digestive.

Les *Acque Albule*, sur la route de Tivoli, ont un établissement de date récente ; vaste rotonde, grandes salles ; point d'hôtel ni de chambres de logement. Les baigneurs y viennent, à la belle saison, au nombre de 1,500 à 2,000 par jour, mais n'y habitent pas à cause de la *malaria*, ce qui est un inconvénient. Il est curieux d'y voir de grandes piscines à l'air libre comme des lacs. Les cabinets de bain, au nombre de 300 environ, sont autant de petites piscines, moitié à l'air libre. On y donne des douches, des inhalations dans une grotte tapissée d'incrustations du lac des Tartares. Applications des eaux sulfuro-salines. Expédition importante de bouteilles. Des ruines de thermes romains témoignent d'un ancien usage.

La source est d'une abondance extrême 5,000 mètres cubes par jour suivant Schivardi. Je la croirais plus riche en la voyant couler comme une petite rivière dans le canal d'Hippolyte d'Este, large de 4 ou 5 mètres. Après avoir alimenté l'établissement elle se perd dans l'Anio. Elle répand au loin une odeur hépatique très forte; elle a un goût piquant et dégage des bulles gazeuses. J'ai trouvé 23 degrés dans les piscines. Minéralisation 3 grammes, prédominance du bicarbonate de chaux; sulfates, chlorures, borates; soude, magnésie. Je ne connais aucune eau sulfureuse d'un débit approchant.

Les sources ferrugineuses et salines d'Albano ne méritent qu'une mention.

*Vicarello* sur le lac Bracciano représente peut-être les *Aquæ Apollinares*. La *malaria* y règne en automne, température 48 degrés; eau saline, minéralisation 2,5; diurétique, laxative. Indications : rhumatisme, paralysies, névralgies, lithiase urinaire. Plus haut, *Capranica* eau ferrugineuse d'exportation.

*Viterbe*. Anciens thermes étrusques et romains, *Aquæ Cajæ*. Altitude 500 mètres, d'où variations de température. Établissements médiocres; baignoires, piscines, étuves, etc., usage des boues, température des eaux sulfureuses 45-65°. Réputation dans le pays, paraît méritée.

**Nature du sol.** La présence d'eaux chaudes, gazeuses, sulfurosalines est en connexion avec la nature volcanique du terrain. C'est une zone qui part du mont *Amiata*, au-dessous de Sienne, et qui va se perdre dans les États napolitains, régions des laves modernes. Les produits en question forment une masse comprise entre le cours du Tibre, le long des Apennins et la mer Tyrrhénienne. Les trachytes s'élèvent en dôme, comme en Auvergne ou dans le Nassau, depuis le mont *Amiata* et *Radicofani*, vers les environs de Civita-Vecchia. Partout des tufs et des laves basaltiques. Les lacs de *Bolsena*, de *Vico*, de *Bracciano* paraissent, comme le lac Pavin et autres de la région du mont Dore en France, avoir été d'anciens cratères. Les lacs de *Nemi* et d'*Albano* sont probablement des cavités cratériformes. Mentionnons les émanations gazeuses de *Montefiascone*, les mines d'alun et de soufre de la *Tolfa*, près Civita-Vecchia, avec pyrites, eaux acides, etc.; les eaux incrustantes de Saint-Philippe, près *Radicofani*, non moins connues que celles de St-Allyre.

Les tufs volcaniques s'étendent dans la plaine romaine ; tufs lithoïdes consistants, tufs terreux des catacombes. Le fond du terrain est de l'âge pliocène ; exemple, les collines marneuses du Tibre, faciles à étudier vers l'*Acqua acetosa*. Les dépôts aquifères de travertin, pierre qui a servi à la construction des principaux monuments, témoigne d'un régime ancien de sources incrustantes. Cette roche a quelque chose de l'aspect caverneux des meulières, ce que j'ai constaté dans les travertins siliceux de Monte Catini, principalement calcaire, très résistante. Nous avons dit un mot des tufs de l'Anio ; leur formation rapide montre la puissance de la cause actuelle ; mais ce tuf moderne est léger, friable, en grande partie calcaire, laissant une matière argilo-siliceuse après le traitememt par l'acide chlorhydrique. Je me bornerai à dire ici que l'analyse sommaire et comparative de divers travertins d'Italie et d'Auvergne m'a fait constater des analogies nombreuses.

**Marais Pontins.**

Entre le cordon littoral des sables du Tibre et la plaine romaine se trouvent les fameux marais, foyers de pestilence. Les marais Pontins s'étendent de Cisterne à Terracine ; les travaux modernes les ont canalisés et un peu assainis. Il est certain qu'une grande partie de ces régions était autrefois en culture ; les soldats romains étaient même de rudes laboureurs avant d'avoir touché aux trésors de l'Asie. Néanmoins Pline nous parle de marais et ceux de Minturnes sur la route de Naples cachaient Marius.

**Climat.**

Les auteurs qui ont traité de climatologie mentionnent Rome, ville d'hiver : *Climate mild and soft*, dit Clark, *rather relaxing and oppressive ; one of the best in Italy for pulmonary invalids.*

Rome est sous le 42ᵉ degré de latitude, au niveau d'Ajaccio ; à une altitude de 50 mètres à peu près, comme Paris ; protégée au nord-est par les Apennins dont la plus haute cime vers l'est, le *Sasso d'Italia*, atteint près de 3,000 mètres. La moyenne annuelle est de 15°, l'isotherme de 15° s'infléchissant vers le sud, après avoir longé les Pyrénées. La moyenne hibernale, 8-9°, se rapproche de celle des côtes de Provence ; elle a été un peu plus basse ces dernières années, phénomène assez général dans ces contrées méridionales. Cela fait à peu près 5° de plus qu'à Paris. La moyenne estivale est également plus élevée de 5°. Les pluies, plus abondantes que dans le bassin de la Seine, prennent parfois un caractère torrentiel, ce que j'ai constaté deux années, vers la fin de l'hiver. La neige, rare, s'est montrée dans ces dernières années. Les vents sont plus vifs en mars ; la *tramontana*, assez aigre, ne durant que quelques jours, moins pénible que le mistral dont l'action s'éteint sur les côtes de Ligurie. Le *siroco* est énervant dans la saison chaude, pas plus qu'aux Pyrénées. Les nuits sont calmes, presque toujours fraîches, plus qu'à Naples, en dépit du voisinage de la mer. Au printemps et en automne il faut se méfier de ces variations du soir après des journées chaudes. C'est une mauvaise condition en face de la fièvre, nous l'avons dit plus haut.

Ceci nous conduit à dire un mot de la *malaria*, le mauvais air, l'atmosphère marécageuse. Elle règne de juillet à octobre principalement dans la campagne, beaucoup moins en ville. Du reste Rome a été assainie en même temps qu'embellie par l'ouverture de voies larges et par les progrès de la voirie. Actuellement un étranger qui mène une vie régulière et qui prend des précautions hygiéniques n'a rien à craindre en ville. On couche peu dans la campagne où les auberges sont peu engageantes. Tivoli et Frascati sont à l'abri par leur élévation. La campagne romaine est destinée à se transformer par la culture, les environs devant participer à l'accroissement de la nouvelle capitale. J'ai vu les premiers colons de la Mitidja, en Algérie, décimés par la fièvre ; il n'en est plus de même aujourd'hui.

Des médecins étrangers ayant habité Rome signalent un fait particulier qu'ils attribuent au climat, c'est la grande sensibilité nerveuse des Romains ; ils parlent aussi de l'acuité des phlegmasies de poitrine au printemps; moins meurtrières qu'à Madrid, je puis l'affirmer.

Il n'est pas étonnant que Rome ait perdu de son prestige de ville d'hiver depuis l'accroissement des nouvelles stations sur la côte ligurienne. Ce sont, de plus, de petits centres de gaieté que notre génération semble préférer aux distractions plus sérieuses de la grande ville. Et cependant combien un hiver à Rome semble plus profitable, toutes choses égales d'ailleurs. Ajoutons les ressources du théâtre et de l'aimable société romaine qui ouvre libéralement ses portes à qui mérite d'entrer.

Je crois que le climat de Rome, l'hiver, n'est pas sans analogie avec celui de Pise et de Pau, convenant donc aux gorges et aux poitrines irritables trop excitées par la côte de Provence et la mer. Le choix d'une station d'hiver ne doit pas être une affaire de mode, les influences météoriques ne se prêtant pas à nos convenances et à nos préférences.

Terminons ce qui intéresse la médecine par un mot sur les établissements hospitaliers.

Le premier est l'hôpital *St-Esprit*, dans le quartier du Vatican; il remonte à l'an 1200, sous Innocent III; reconstruit plus tard par plusieurs architectes dont *Palladio* qui édifia la coupole. Il y a place pour 1500 malades de toute espèce. Salles grandes, pharmacie élégante, bibliothèque de Lancisi, célèbre dans les annales de la médecine; annexe, le *Manicomio* (maison d'aliénés.)

Viennent ensuite les deux hôpitaux de St-Jean de Latran ; les deux dépendances de Ste-Marie de la Consolation ; celui de l'église St-Roch, etc.

Les étudiants ont l'*Université,* belle construction de *G. della Porta,* fondée en 1300. Parmi les collections je recommande les cabinets de minéralogie et de géologie qui possèdent de beaux échantillons. Le *Collège romain,* près du Corso, derrière le palais Doria, est célèbre par son observatoire où les astronomes romains se sont illustrés.

Cependant, il faut le dire Rome n'est pas la ville scientifique par excellence. C'est dans le Nord de la péninsule que fleurissent les grandes universités de Pavie et de Padoue, bien qu'elles aient décliné. C'est à Milan, Venise, qu'il faut étudier le service hospitalier ; à Gênes, que les nouveaux hôpitaux réalisent le progrès. Il s'opérera évidemment un mouvement de concentration vers la capitale ; il n'y a encore que des tendances.

J'ai dit de Rome ce que j'ai vu et appris par des visites consciencieuses et répétées. Mon sentiment est que plus longtemps on y demeure et plus on s'y attache, si l'on a le culte du passé, de l'art et du beau.

### DE ROME A NAPLES

En 1852 et 53 nous eûmes l'occasion de faire ce voyage de deux manières : 1° par la montagne, 2° par les marais Pontins. On arrivait ainsi à Capoue et, par le chemin de fer, à Naples.

La route de montagne, à mulets, est la plus intéressante. Il a été déjà question de l'itinéraire jusqu'à Subiaco. De là on s'engageait dans la partie sauvage des Apennins dont les sommets étaient encore couverts de neige au mois de mai. On passait par *Guercino*, *Alatri* aux énormes murs cyclopéens ; on visitait, à la lueur des torches, les voûtes immenses des grottes de *Collepardo* soutenues par des piliers imposants formés du dépôt des eaux. Il fallait coucher à la Chartreuse de *Trisulti* où les moines donnaient bon souper et bon gîte ; les chartreuses disséminées le long de la chaîne apennine étaient alors la grande ressource des voyageurs. Après un coup d'œil sur *Veroli*, autre ville ancienne, on descendait dans la plaine de *Frosinone; Isola* vous reposait par la fraîcheur de ses ombrages et de ses eaux vives, et à *Sora* les *Carretini* napolitains vous menaient d'une allure folle à *S. Germano* d'où l'on montait, à ânes, au Mont-Cassin.

La route des marais Pontins se faisait en voiturin, le cocher se chargeant de tout. Première journée : de Rome à *Cisterna* par *Albano* et *Velletri*, ancienne cité des Volsques. Deuxième journée, de Cisterna à *Mola*, les marais commencent à *Torre dei tre ponti*. Ils sont traversés par une route droite plantée d'ormes et sillonnés de canaux allant vers la mer (travail dû à Pie V). Il y a aussi des prairies où paissent chevaux et buffles ; vers la mer une longue ligne de forêts, villages sur les hauteurs. Terracine (*Anxur*), bien perchée, marque la limite de la région monotone. Plus loin *Fondi*, les monts *Cécubes*, la vue ravissante de **Gaète** s'avançant sur la mer comme Cadix, Gaète où les rois de Naples allaient respirer l'été. Troisième journée, de Mola à Capoue on passe devant les monts *Massiques* (toujours avec le vain espoir de retrouver le bon vin d'Horace), devant les marais de Minturnes où l'on frissonne au souvenir de Marius ; enfin on traverse le *Garigliano*, théâtre des exploits de Lautrec.

Aujourd'hui trains express en 5 heures, excellents wagons avec W. C., en suivant la *via Appia* on voit les aqueducs en ruines ; la voie ferrée, contournant le massif de la Sabine, est dominée par les hauteurs de Frascati, d'Albano, le *Monte Cavo*; plus loin, passant entre deux chaînons assez dénudés, elle laisse voir à gauche *Anagni*, ville des Herniques, et *Frosinone*. A *Ceprano* le Liris vient grossir le *Garigliano* ; à Capoue traversée du Volturne. Là commencent les riches plaines de la Campanie où les arbres et la vigne se mêlent aux cultures variées ; enfin se dessine le Vésuve.

A voir en route le Mont-Cassin, Capoue et Caserte.

**Mont-Cassin.** Fondé par saint Benoît (529) sur les ruines d'un temple d'Apollon, ce couvent à hautes murailles semble une forteresse. Grande cour à colonnes, cours intérieures, portiques et statues des moines célèbres, des bienfaiteurs, en premier Charlemagne ; longs couloirs, vastes salles, bibliothèque, archives, église riche, vue splendide de la terrasse sur l'immense plaine vers l'Ouest. Les moines très hospitaliers, j'y ai vu plus de 500 prêtres logés à la fois, c'était au temps passé.

Capoue n'est plus un lieu de délices. A quelques kilomètres *Capua vecchia* mérite une visite pour son amphithéâtre ; il avait quatre-vingts portes comme le Colisée ; deux restent, très belles. Les substructions bien conservées.

A *Caserte*, palais imposant ; beaux jardins.

Je conseillerais encore aujourd'hui aux jeunes voyageurs peu pressés de faire à cheval, en trois ou quatre jours, la route de montagne. Ils souffriront un peu ; mais que de compensations à leurs peines ! Je crois qu'il n'y aurait rien à craindre au point de vue de la sécurité.

# NAPLES

Naples est la première ville de l'Italie par son étendue, la première de l'Europe par sa situation, merveilleux décor dont la nature a fait tous les frais.

La gare est dans les nouveaux quartiers, loin des hôtels ; voitures nombreuses, bon marché, moins soignées qu'ailleurs ; cette course d'arrivée fait voir une partie de la ville neuve, les quais toujours encombrés et mal tenus, le port, les places du *Municipe* et du *Plébiscite*, le *palais royal*, la *villa reale*, etc.

Les bons hôtels ne sont point au centre, il n'y a que l'ancien hôtel de l'univers *via Roma*. Ceux du quai de Parthenope sont les plus voisins de ce centre qui serait la place du Plébiscite où débouchent les deux rues les plus vivantes, *Rome* et *Chiaja* : l'hôtel des *étrangers*, du *Vésuve*, de *Washington, Victoria* qui existait en 1852 et, chose singulière, avec les mêmes prix qu'aujourd'hui. Le *Grand Hôtel*, au bout de la villa reale très confortable. *Bristol* et *West-end* sur la hauteur, bons pour ceux qui veulent séjourner en bon air. Les étrangers se portent de plus en plus vers l'ouest.

Cafés restaurants : *Cambrinus* au coin de la place du palais et *Sçarraci* dans les nouvelles galeries ; ces passages créés sur le modèle de la galerie de Milan remarquables par la grandeur des nefs et la hardiesse des coupoles, sont, le soir, pleins d'animation. Par le beau temps le café-restaurant de la villa reale est le plus attractif.

Voulez-vous avoir une idée générale de la ville ; de votre hôtel, que je suppose quai de Parthenope, faites quelques promenades à pied : par le quai Ste-Lucie jusqu'au palais royal, par la place des Martyrs à la Chiaja, suivez un peu la rue de Rome, et gagnez la rue du Dôme, trajet sur lequel se trouvent plusieurs églises ; une promenade charmante consiste à suivre la villa reale le long de la mer et à revenir par la *riviera di Chiaja*, etc.

Très belles tournées en voiture par le cours Victor-Emmanuel ou bien par le musée, *Capo di Monte*, le nouveau boulevard bordé de platanes ; retour par l'*Albergo dei poveri* et les quartiers neufs autour de la gare.

Les points de vue sont saisissants de Capo di Monte, du château St-Elme, du *Vomero* où vous hisse le funiculaire. Du reste toutes les hauteurs qui entourent la ville offrent un admirable panorama ; le couvent des *Camaldules* plus éloigné.

Deux visites distinctes, la ville et les environs ; trois jours pour la première, cinq jours pour la seconde ; ceci est un minimum.

La visite de la ville comprend les églises, les musées et palais.

Elles pâlissent à côté des églises romaines. *St-Janvier*, grand vaisseau sans caractère ; tombeau de

**Églises**

Ch. d'Anjou, fondateur ; célèbre *chapelle* de *St-Janvier* richement décorée, peintures du Dominiquin. Dans la crypte, reliques du saint, colonnes et sculptures de l'ancien temple d'Apollon. Basilique de *S. Restituta*, mosaïques intéressantes, trésor. Le miracle du sang liquéfié dans les fioles visible le premier samedi de mai ; on nous l'a montré encore en décembre.

*S.-Chiara.* Tombeau de Robert d'Anjou, de Charles, de Marie et Jeanne d'Anjou, etc.

*St-Sévère.* Statue étonnante de la pudeur sous le voile (*Conradini*). *S. Francisco* bâti en 1816 sur le modèle du panthéon d'Agrippa ; colonnade à l'imitation de la place St-Pierre. *S. Gennaro dei poveri.* Catacombes à galeries et salles spacieuses.

*St-Martin.* — Montée à ânes pénible ; nouvelle route de voitures qui contourne le fort Saint-Elme. L'église richement ornée : murs revêtus de marbres, pavé en mosaïques par un moine, balustrade de l'autel embellie de pierres précieuses, treillis en marbre blanc finement sculpté ; plusieurs tableaux du chevalier d'Arpin et de Ribeira. Dans la sacristie sa *Descente de Croix* ; le cadavre est saisissant, la tête penchée sur saint Jean-Baptiste, la Vierge joignant les mains, Madeleine baisant les pieds. Voir le cloître et ses colonnes de marbre blanc ; se pencher sur le balcon du Belvédère pour admirer la ville à ses pieds, le Vésuve et la mer.

Le *Campo santo* offre une vue analogue, c'est une

immense nécropole ; tant de voies et de constructions qu'on dirait une petite ville.

Le palais royal, bien qu'il renferme des tableaux de maître, ne nous arrêtera pas. **Musées. Palais.**

*Capo di monte*, grandiose, nous intéresse comme souvenirs par ses toiles : Napoléon de Girodet, Murat de Gérard ; Marie-Thérèse et duchesse de Parme, de Lebrun, Le site donne un grand charme aux terrasses et aux jardins.

Ouvert de 9 heures à 4 heures. Collection unique. Dans le vestibule, statues colossales du théâtre de Pompée. Les peintures pompéiennes sont innombrables, plusieurs d'un dessin élégant. Les mosaïques antiques plus soignées que celles des églises chrétiennes : le *cave canem* de la maison du poète tragique ; la grande mosaïque de la *Bataille d'Issus*, Alexandre une lance à la main et Darius sur son char, fuyant... Tables de bronze d'Héraclée. **Musée Bourbon.**

Deux beaux morceaux de sculpture des thermes de Caracalla : l'*Hercule Farnèse*, par Glycon d'Athènes ; attitude calme, une certaine fatigue des traits, des saillies musculaires exagérées ; le *Taureau Farnèse*, par Apollonius, groupe d'un seul bloc, très vivant ; Antiope présidant au supplice de Dircé et ses deux fils l'attachant aux cornes du taureau ; œuvre aussi parfaite de détails que le Laocoon. Les deux statues équestres des *Balbus* d'Herculanum ; belle pose, à remarquer la forme du cou des chevaux. Portique des chefs-d'œuvre : Vénus Callipige, des thermes de Néron, Agrippine assise, Psyché, etc.

Dans les salles voisines *Flora,* Gladiateur blessé, Amazone renversée de cheval, Faune avec Bacchus enfant, Aristide ou l'orateur, etc.

*Galerie des bronzes*, les plus beaux de l'antiquité : Faune ivre, Faune dormant, Mercure au repos, Sénèque, les Lutteurs, les Actrices en jeu, les Danseuses, le Cheval de Néron ; les petites statuettes des deux Faunes, etc.

*Galerie de tableaux :* du Corrège, la *Zingarella,* la Vierge endormant l'Enfant Jésus ; de Raphaël, Sainte Famille et Léon X (contesté) ; de J. Romain, *Madonna del Gatto ;* du Titien, Madeleine, Philippe II, Danaé et l'Amour ; du Dominiquin, Madeleine, l'Ange gardien ; de Parmegiano, Christophe Colomb ; de Canaletto, vues de Venise ; de Claude Lorrain, paysages.

Collection des vases, des verres anciens, des médailles, des bijoux (gros bracelets, épingles. boucles d'oreille). Ustensiles de ménage, objets comestibles bien conservés, etc.

Les *papyrus* déroulés avec tant de patience n'ont rien donné d'intéressant. Dans la bibliothèque, immense salle et méridien. Encore des peintures anciennes : Achille s'élançant sur les armes d'Ulysse, sacrifice d'Iphigénie.

Cabinet du Musée secret.

Deux journées entières ne sont pas de trop, et l'on sort comme étourdi de tant de merveilles.

Le théâtre *San Carlo* vient après la *Scala* de Milan.

## LES ENVIRONS DE NAPLES

Promenade longue et chargée de détails, peut se faire économiquement par chemin de fer ou tramways; je conseille la voiture à un cheval 10 francs, à deux 20 francs; partir dès le matin et déjeuner à Pouzzoles ou au lac Lucrin.

**Pouzzoles et Baïa.**

Après un coup d'œil sur le tombeau de Virgile vous traversez le fameux tunnel du *Pausilippe* creusé dans le tuf, travail facile et vanté mal à propos. Au sortir de ce passage bruyant et enfumé commence ce sol campanien revêtu d'une si belle végétation, et les vignes s'épandant sur les ormes, les peupliers et les échalas.

A la hauteur de *Bagnoli*, route à droite vers le lac d'*Agnano*, ancien cratère; grotte du Chien si réputée, moins spacieuse que celles de Royat et de Pyrmont; grotte dite d'Ammoniaque; étuves de *S. Germano* avec chambres de sudation.

Pouzzoles témoigne de son ancienne importance par les ruines de l'amphithéâtre : presque détruit, il est remarquable par ses substructions conservées comme à Capoue. Dans la mer, restes du pont de Caligula. Le temple de *Serapis* est décrit partout, même dans les manuels des collèges; restent trois colonnes de marbre blanc où se voient les perforations des coquillages marins, les vestiges de la *Cella*, des chambres des prêtres et des bains. La *Solfatare*, montée assez pénible : immense cratère au sol blanchâtre, brûlant, résonnant sous les pieds ; vapeurs brûlantes, exploitation de soufre et d'alun.

Peu après Pouzzoles les deux sommets du monte *Barbaro* et du monte *Nuovo* entre lesquels passe la route de l'*Arco felice* (emplacement de Cumes). Suivant la côte vous arrivez au lac Lucrin : hôtel de Russie, huîtres, vin de Falerne. Baie de Baïa dominée par le château de Pierre de Tolède ; les ruines des trois temples et les soubassements de vieilles constructions. Ce n'est plus qu'un petit port, solitaire. De Baïa on peut aller en bateau au cap Misène d'où la vue est magnifique.

Du lac Lucrin au lac *Averne;* inutile d'aller à la grotte de la Sibylle où les porteurs vous promènent avec des torches en marchant dans l'eau. Plus loin le lac *Fusaro* (huîtres) au milieu d'une végétation luxuriante, le bassin de la mer Morte ; toujours des cavités cratériformes.

La *piscine admirable*, immense réservoir pour la flotte romaine, a 72 mètres sur 30 et sa voûte est soutenue par 48 pilastres. On voit encore bien la surface lisse du stuc appliqué snr le béton.

De la pointe de Misène il est facile d'aller en barque ou par le vapeur de correspondance aux îles voisines de Procida et d'Ischia ; la première, très petite, célèbre par ses marins d'origine grecque ; la seconde par ses eaux thermales et son volcan (ascension sérieuse).

**Sorrente. Capri.**
Le meilleur plan est de prendre, le matin, le chemin de fer pour Castellamare, de là une voiture pour Sorrente ; à 11 heures le bateau pour Capri, puis la

grotte d'azur et retour à Naples. La route de Castellamare à Sorrente par *Vico* le long de la mer rappelle les plus beaux sites de la Corniche. A Capri le temps est trop court pour monter au palais de Tibère; les hôtels ne manquent pas pour coucher.

A Sorrente les hôtels *Victoria* et *Tramontana* perchés sur la falaise ne laissent rien à désirer.

On va encore à cheval de Pompéi au Vésuve par les vignobles de *Lacryma Christi* jusqu'au pied du cône ; de là une petite heure d'ascension très pénible. C'est la route la plus instructive ; mais aujourd'hui on préfère le funiculaire qui vous monte à un quart d'heure du sommet. Là on admire le cratère, spectacle unique pour qui n'en a point vu et le panorama de la baie, de la mer et des Apennins. Une journée entière avec arrêt à l'observatoire. L'ascension est moins longue que celle de l'Etna, deux à trois fois supérieur en élévation.

**Vésuve. Herculanum Pompéi.**

La course en voiture pour *Pompéi* vous fait suivre le long quai de Naples jusqu'au pont de la Madeleine où St-Janvier arrête la lave, ensuite l'interminable faubourg jusqu'à *Portici*, *Resina*, visite d'Herculanum ; puis vous passez par *Torre del Greco* et *Torre dell' Annunziata* où les traînées de macaroni s'étalent au soleil, en même temps que les coulées récentes de lave. La route serait assez belle n'étaient l'encombrement, le bruit, la poussière ou la boue. Mieux vaut le chemin de fer.

*Herculanum* est la plus grande des deux villes ensevelies ; mais en visitant la partie déblayée, on comprend qu'on ne pouvait poursuivre sans exposer Resina. S'arrêter à la maison d'*Argus* à deux étages, à la maison d'*Aristide* qui a fourni de si beaux bronzes, à la prison, aux murs d'enceinte vers la mer, etc. La partie la plus frappante est le théâtre où l'on descend par un escalier; là est le puits qui a mis sur la voie de la découverte. La scène, d'environ 5o mètres de largeur, est bien dessinée, aussi la place de l'orchestre. Aux deux bouts étaient les statues équestres des Balbus. Guides officiels très prévenants.

A *Pompéi* j'ai retrouvé l'ancien hôtel de *Diomède* et le même mouvement de voyageurs et de guides, de voitures et de chevaux. Il y a des agents officiels pour la visite; on perdra moins de temps en en prenant un pour soi, non sans faire prix. La description des lieux serait interminable ; nous nous bornerons à des vues d'ensemble :

Les rues ne sont pas si étroites qu'on l'a dit; j'ai mesuré 4 à 5 mètres dans les plus larges, *Stabiana*, *Abondanza, Fortuna, Mercurio*, etc.; les autres, 2 à 3. Trottoirs, 1 à 2 mètres, très hauts, avec des pierres de passage entre; il est clair que les chars, passant leurs roues dans les rainures, pouvaient se croiser.

Les temples avaient un portique, un péristyle, une *cella*, des chambres pour les prêtres, une pierre creuse de sacrifices, à angles cornus. Les maisons des patriciens étaient assez vastes; à citer la maison du *Faune*, de *Pansa*, de la *Sonatrice*, de *Salluste*, etc. Toujours le vestibule (*Cave canem*), l'*atrium* ouvert en haut avec l'*impluvium* ou bassin, le portique à colonnes et les chambres, le *triclinium* et le *tablinium*, pièces de réception ; la cour avec portique ; le jardin, *xystus*, la bibliothèque, la pinacothèque. Le triclinium de la maison de la Fontaine a 8 mètres sur 6 ; les jardins du Faune et de la Sonatrice, grands ; ce dernier a conservé ses jolies statuettes.

La maison de *Diomède*, hors des murs, voie des Tombeaux, célèbre par les empreintes des squelettes dans les caves, avait par exception trois étages et des dépendances considérables; jours vitrés pour fenêtres, etc.

Autres détails : beaucoup de fontaines ; dans les cours restes des tuyaux de plomb vecteurs ; cuisines avec tables de marbre pour couper les viandes ; fours, pierres meulières à cônes emboîtés ; boutiques exiguës à la mode d'Orient, maisons secrètes avec cabinets très petits.

*Théâtre* près la porte Stabies ; encore quelques gradins, *proscenium*, galerie circulaire, etc. *Amphithéâtre* hors de la ville.

*Thermes.* Conservation parfaite, donnent l'idée complète du bain romain. Ceux du *forum*, plus petits, ont deux divisions pour les deux sexes ; l'*atrium* avec portique, l'*apodyterium*, vestiaire entouré de bancs et de niches ; l'*unguentarium* ; le *frigidarium*, rotonde ouverte en haut et trottoir autour du bassin de marbre ; *tepidarium*, salle voûtée avec stuc ; *caldarium*, bassin de marbre blanc ; *labrum*, vasque pour l'eau. Les murs à doubles parois et le pavé sur piliers laissaient circuler l'air chaud; débris des conduits en poterie. Portique pour promenade, gymnastique. Les nouveaux thermes de Stabies présentent les mêmes dispositions; cour et portique à colonnes doriques d'un bel effet. Encore des thermes vers la *porta Nola*.

Les fouilles continuent, par intervalles; rien de plus curieux que de voir se dégager les murs, les colonnes, les détails de sculpture et de voir briller tout à coup les vives couleurs des fresques.

Parmi les courses plus lointaines:

**Pestum.** La route de montagne par *Gragnano* et le *piccolo St Angelo* est plus pittoresque que la ligne de chemin de fer; mauvais chemin de mulets, escaliers à la descente. On arrive à la gorge étroite d'*Amalfi* dont on ne peut comprendre l'ancienne importance. Cathédrale normande, fabrique de macaroni. Plus loin Salerne, la ville scientifique du moyen âge, bien déchue. *Pestum*, foyer de fièvres pernicieuses, curieuse par ses trois temples qui donnent un avant-goût de la Grèce. Retour par la *Cava*, couvent des bénédictins.

**Bénévent.** Par *Nola*, *Avellino*, pèlerinage du *Monte Vergine*, belle vue du golfe. A Bénévent *Porta Aurea* arc de triomphe de Trajan, en marbre de Paros, un des mieux conservés, le lion et la vache samnite sculptures grossières des premiers âges; ruines d'amphithéâtre, d'un ancien pont, etc. *Aversa*, mérite une visite à cause du type normand des habitants et de son grand hôpital d'aliénés.

Nous venons de tracer un canevas plutôt qu'une description. Que de choses à voir pour le naturaliste ! Le géologue trouvera un vaste sujet d'études des volcans actifs : cratère du Vésuve et ses petits cônes, cavités cratériformes des champs phlégréens ; émanations aqueuses, acides ; dépôts sulfureux et aluniques ; coulées de laves modernes sur les flancs du grand cône, scories et lapillis ; cendres agglomérées des villes ensevelies, tufs variés de Pausilippe à Pouzzoles assez analogues à ceux d'Auvergne ; exemple d'un soulèvement subit dans le *monte nuovo ;* oscillations du sol démontrées par les colonnes de Serapis ; eaux chaudes sulfuro-salines ; exemple terrible du réveil de l'Épomée qui passait pour éteint.

L'hydrologue étudiera les eaux minérales connexes à ces phénomènes ; celles d'*Ischia* et de *Casamicciola* sont les plus fréquentées : grand débit, températures élevées, quelques filets entre 80 et 100 degrés. Etablissements importants, étuves, etc. Composition : alcalines chlorurées et sulfatées. Dans le temple de Sérapis, maison de bains assez confortable. J'ai trouvé 35 degrés à la source ; sulfureuse faible. Les eaux sulfuro-salines de Castellamare, froides, ont peu d'importance, et des établissements de second ordre ; bains d'étuves de Néron, de S. Germano, etc.

Bains de mer à Castellamare, Sorrente et sur plusieurs points du pourtour de la baie ; charmantes situations ; plages médiocres.

Le climat de Naples n'est pas aussi chaud que celui d'Espagne à la même latitude. Au mois de mai j'ai vu de notables refroidissements du soir; même remarque en Sicile.

En juillet chaleur vive plus incommode dans la matinée en temps de siroco. L'hiver, le temps est très variable. Sorrente participe du climat insulaire plus doux l'hiver, plus tempéré l'été ; végétation plus africaine.

Naples, longtemps privée d'eau, en reçoit abondamment, aqueduc de *Serina;* j'ai trouvé degré hydrotim. 20.

Un long séjour à Naples permet des études de mœurs : ici la gravité romaine a fait place à la gaieté bruyante, folle, insouciante ; les petits théâtres en donnent une idée (argot napolitain).

Tout respire la joie, costumes, ornement des chevaux et des chars, parures des madones dans les niches, jusqu'aux enterrements et aux cimetières. Il faut voir le grand pèlerinage de la *Madonna dell' arco*, les fêtes religieuses à Procida où paraissent les vieux costumes grecs qui rappellent ceux du pardon d'Auray. Tout le monde crie, chante, gesticule ; je ne connais pas de peuple mieux organisé pour la pantomime. Dans les fêtes religieuses les autels sont pleins de marionnettes parées de clinquant, etc.

Le lazzaroni du quai de Ste-Lucie se fait plus rare ; le *farniente* n'a pas perdu ses droits. Cependant je dois dire que les gens de la montagne ont parfois autant d'énergie que leurs petits chevaux qu'ils suivent à la course; aussi sobres que les andalous et les arabes.

# LA SICILE

Le voyage en Sicile est le complément d'une tournée en Italie. Quelques personnes s'effraient soit de la traversée, soit du long trajet du chemin de fer des Calabres. En général on prend, à Naples, le bateau du soir qui arrive dans la matinée à Palerme. De là les chemins de fer siciliens vous portent aux principaux endroits; de Messine vous retournez à Naples soit par les bateaux, soit par voie de terre, pour voir le pays.

Ici le soleil devient plus vif, car l'Afrique n'est pas loin ; heureusement l'air marin se fait sentir presque partout. La meilleure saison est le printemps, où l'île entière se revêt d'un beau manteau de verdure ; ce tapis vert disparaît après la moisson.

En 1853, époque de ma première visite, les consuls étaient aussi féroces que les autorités locales pour le passeport. Les douaniers ne se calmaient qu'à la vue de la pièce blanche. Comme moyens de transport, mauvaises diligences, assez bons landaus, petits chevaux agiles, mulets.

Aujourd'hui les voies ferrées ont abrégé les distances et les hôtels se sont améliorés (j'entends ceux des villes principales). Cependant je conseille encore d'user largement des voitures et des chevaux, si l'on ne regarde pas trop au temps et à la dépense. Les curiosités du pays se voient assez vite, parce qu'elles consistent avant tout en ruines imposantes et en spectacles de la nature.

En arrivant par mer, belle vue sur la ville couchée, au

pied du *Pellegrino*. Cité importante de 250,000 habitants, bien percée par deux rues, *via Nuova* et *corso V. Emmanuele*, se croisant à la *piazza dei Quattro Cantoni*. Aspect original des grandes constructions normandes et sarrasines, balcons aux fenêtres comme en Espagne.

Hôtel *Trinacria*, le plus en renom ; il existait en 1853 et, détail particulier, il possédait les deux seules baignoires à la disposition des étrangers. Plusieurs cafés restaurants. Voitures aussi bon marché, plus propres qu'à Naples.

A visiter : le Dôme et les tombeaux des rois normands, le musée plus intéressant par ses antiquités que par ses tableaux, l'*Ospedale dei Matti*, où l'on traite les aliénés par la danse, la musique, les spectacles ; le palais royal, le jardin de la *Flora*.

*Environs*. — Tout près de la ville le couvent des Capucins, dont les catacombes présentent l'exhibition de quelques milliers de squelettes conservant encore des restes de tissu et de poils, vêtus de capes noires, et parés le jour des morts. Ce sont les corps des moines que l'on a desséchés en les murant pendant quelques mois ; ils se conservent indéfiniment.

Le *Monte Pellegrino*, rocher abrupt qui s'élève à 600 mètres au-dessus de la plaine, est célèbre par la grotte et la statue de sainte Rosalie. La sainte est parée de bijoux, d'une couronne et d'un manteau dorés ; elle tient un bâton de pèlerin. Du sommet, vue sur la ville, la plaine, le golfe. En redescendant, visiter les jardins de la *Favorita*.

*Monreale*, charmante promenade en voiture, l'après-midi, à travers d'immenses bois d'orangers comme dans la *huerta* de Valence ; dans les rochers de gros cactus comme à Alger. Cathédrale normande du XIIe siècle : revêtement de marbres blancs et de mosaïques, dorures du plafond sur fonds verts et rouges, colonnes de granit. Tombes des rois normands.

Cloître adjacent, soutenu par 216 colonnettes de marbre blanc d'un travail exquis, à l'instar du cloître de Saint-Paul à Rome. Catacombes des capucins à l'état de momies.

Promenades à *Bagheria* au milieu des villas et des jardins, parmi lesquelles la villa *Valguarnera*. Sur la route, ruines de l'antique *Solunte*. Vue splendide du golfe de Termini.

**Sageste et Selinonte.** Deux tournées de longue haleine : pour atteindre Segeste suivez d'abord la route de Monreale. Sur le point élevé où est le passage du *Rifugio dei ladri* jetez un coup d'œil sur le golfe et engagez-vous dans un défilé sauvage. Plus loin vue sur la plaine de *Partenico* et sur la baie de Castellamare. On peut déjeuner à *Alcamo* aux murs crénelés ou à *Calatafimi*. De là à Segeste, un peu plus d'une heure à cheval, dans un pays sauvage. Temple à colonnes doriques, style de Pestum ; architrave et fronton, rien de la *Cella*. Les colonnes ont de tour quatre de mes brassées, situation pittoresque : la mer au loin, vers Castellamare, ruines du théâtre.

Sélinonte est plus éloigné ; sur la route de Palerme à Trapini, arrêt à *Castelvetrano*. De là, voitures en une heure. Ruines de plusieurs temples : le plus grandiose, celui de Jupiter Olympien, dont les colonnes sont énormes. Marsala est sur la route de Trapani. On peut coucher à l'une de ces deux villes.

**Agrigente.** Il fallait autrefois prendre la voiture de *Caltanisetta*, route longue et peu sûre, actuellement chemin de fer par Termini, Encore les ruines des temples : le plus grand, celui de Jupiter Olympien avec colonnes doriques énormes de même qu'à Selinonte ; on place facilement le dos dans une cannelure ; parmi les autres temples la *Concordia*, le mieux conservé.

**Messine.** Une des grandes villes de la Sicile ; vaste port bien abrité, très mouvementé par le passage continuel des paquebots de la Méditerranée. Quai de la *Marina* bien bâti, hôtel *Vittoria*.

ancien. Plusieurs cafés-restaurants. Quand vous aurez parcouru la ville, vu le dôme, le jardin de la *Flora*, il restera à faire en voiture le tour du cap *Faro*.

**Catane.** Aussi important que Messine par sa population. *Grand hôtel*, cafés, etc. Ville plusieurs fois ruinée par les éruptions. Les coulées de lave se voient autour de la ville et jusque dans les jardins et dans les rues. A visiter l'immense couvent des Bénédictins orné de plusieurs cortiles à colonnes.

L'ascension de l'Etna se fait de Catane. Déjà, en 1853, on allait en voiture jusqu'au village des *Tre Castagne* non loin de *Nicolosi;* on traversait des champs fertiles. Là se trouvent les cônes appelés *monti rossi;* on sait que la multiplicité des petits cônes greffés sur la grosse masse éruptive est un des caractères de ce volcan. Là recommence la montée à mulets à travers des terres encore labourées, des bois de châtaigniers, des blocs de lave, enfin la végétation maigre des hauteurs. Au moment de cette expédition, le nouveau cratère étant en éruption nous dûmes le voir à distance, perchés sur un cône opposé, ayant à nos pieds le vaste précipice du *val del Bove*. C'était la nuit et le spectacle magique.

Entre Catane et Messine, belle route à faire en voiture sur les flancs de l'Etna; deux choses à voir: l'eau d'Aci Reale et le théâtre de Taormine.

*Aci Reale*, voisin de Catane, d'où peut se faire l'ascension de l'Etna. Bain le mieux installé de l'île entière; eaux sulfurosalines de vieille réputation. Les autres bains de Sicile ne méritent pas qu'on s'y arrête, bien que les eaux minérales n'y manquent pas. Exception pour *Termini*.

*Taormine* est une des situations les plus ravissantes que l'on puisse rêver; en face la mer et les montagnes de la Calabre; en arrière un cercle de hauteurs; à droite la masse du volcan. Le château de *Mola* perché sur une hauteur.

Ce site incomparable avait été choisi pour l'ancien théâtre, construction grecque modifiée par les Romains. Très vaste pour 30,000 spectateurs, bien conservé, surtout la scène ; il y avait une galerie circulaire couverte pour s'abriter. Dans la ville restes d'une naumachie et d'une piscine admirable plus petite que celle de Baïa ; église Saint-Pancrace, la plus ancienne de la Sicile ; mur de construction hellénique, grosses pierres de taille posées sans ciment.

A mon sens la plus curieuse des villes antiques de l'île. Du sommet de la cathédrale, on voit bien la cité moderne d'Ortygie sur un promontoire, l'immense circuit du port et, sur la droite, la ligne de rochers calcaires où était bâtie l'antique Syracuse. **Syracuse.**

Dans Ortygie, quelques églises, le dôme sur l'ancien temple de Minerve dont les grosses colonnes doriques font saillie hors des murs tant à l'intérieur qu'à l'extérieur. Dans l'armoire d'une maison voisine chapiteaux de colonnes doriques. — Musée : la *Vénus* de Syracuse genre de la Vénus du Capitole, sans tête et sans bras, — Fontaine Aréthuse, restes d'anciens bains.

Syracuse antique avait un immense périmètre, elle se divise en plusieurs quartiers qui ont conservé les anciens noms. *Neapolis ;* théâtre dont les gradins creusés dans le roc, amphithéâtre en ruines. Entrée dans les Latomies. Ce sont des cavités énormes dans les masses calcaires. L'oreille de Denys est célèbre ; la forme de la voûte renforçait les sons ; ce que les guides vous démontrent par un coup de pistolet. *Achradina :* rotondes et couloirs spacieux, niches pour les tombeaux des catacombes de l'église Saint-Jean ; Latomies des Capucins où les jardins sont encaissés profondément dans des gouffres bordés de rochers abrupts. Autres latomies. — *Épipolis ;* on on y arrive après avoir passé par les terrains solitaires de

*Tyche ;* muraille de Denys dont les restes sont encore imposants. On y voit ces larges assises en pierres sans ciment qui ne sont pas sans analogie avec celles de Phyle près d'Athènes.

Une promenade en barque par l'*Anapo* jusqu'à *Cyane* permet de voir les fameux papyrus, plante aquatique à haute tige triangulaire. J'en ai donné un échantillon aux Arts et Métiers.

Encore un mot de la Sicile et des Siciliens : La Sicile compte parmi les régions les plus anciennes de l'Europe ; son histoire (relisez Hérodote et Diodore de Sicile) se mêle à toute celle des vieilles races. Envahie tour à tour par les Phéniciens, les Carthaginois, les Grecs, les Romains, les barbares du Nord, les Sarrasins, il semble que les anciens Sicules aient dû disparaître dans ces tourmentes. Cependant il y a un type sicilien intermédiaire entre l'Arabe et l'Espagnol du Sud. Ce type se trouve surtout dans les villages de l'intérieur. Un soir que je couchais à Alcamo, je me plus à étudier un groupe d'hommes et de femmes drapés les premiers d'une espèce de burnous brun, les autres de mantes blanches, silencieux et graves comme des Castillans ou des Kabyles au repos.

Ceux des villes du littoral ressemblent plus aux Napolitains. Il faut les voir dans les fêtes, particulièrement le jour de sainte Rosalie. Mêmes cris, mêmes démonstrations qu'aux fêtes de la *Madonna dell' Arco*.

La Sicile fut toujours et est encore une des terres les plus fécondes ; tout y pousse comme par enchantement. Elle était au temps jadis quatre fois plus peuplée qu'aujourd'hui, Syracuse et Agrigente témoignent par leurs ruines de leur antique splendeur. Comment se fait-il qu'avec ses vignes, ses blés, ses exploitations de soufre, d'alun, de sel, elle soit pauvre ? Mauvaises administrations antérieures, peu de goût au travail : telles sont les causes de cette situation. — Misère et paresse, deux mauvaises conseillères qui mènent au brigandage. Il est si commode de vivre de la bourse du prochain quand on n'y trouve pas trop d'obstacles. Disons néanmoins, pour rendre hommage à la vérité, qu'on a beaucoup brodé sur les histoires de brigands et que le voyage bien dirigé n'est pas si périlleux.

Cette question de sécurité s'élève au sujet d'un séjour d'hiver pour les invalides. Il est certain qu'à part quelques événements fortuits, on peut habiter Palerme ou Catane sans danger. Palerme jouit d'une vieille réputation que les auteurs anglais ont contribué à établir. Chez nous, Alger lui a fait une rude concurrence. Palerme avec sa situation ravissante, ses hivers presque africains (moyenne hivernale vers 12 degrés), la mer largement ouverte au nord, est à recommander dans les affections chroniques de poitrine.

Toutes les villes de la côte ouest sont comme jetées au sein de la mer sur un vaste promontoire. De même qu'à Sorrente les effets du climat marin s'y font sentir, hivers plus doux, étés moins brûlants.

Les transitions de température assez brusques au coucher du soleil, moins qu'en Provence. Il est un fait que je dois signaler : si vous montez une côte exposée au midi, une fois arrivé au sommet, surtout si le passage est étroit, vous êtes saisi par un courant d'air froid dangereux. De là l'indication des vêtements de laine et des manteaux.

Il y aurait encore bien à dire sur ce sujet ; mais il faut savoir s'arrêter.

---

Paris. — Imprimerie F. Levé, rue Cassette, 17.

# OUVRAGES DU MÊME AUTEUR

## SUR L'HYDROLOGIE

Étude sur la station et les eaux de Kissingen.
— — — Hombourg.
— — — Nauheim.
— sur les eaux et boues de Franzenzbad.
— sur la station et les eaux de Marienbad.
— sur l'obésité aux eaux de Marienbad (traduit de l'allemand).
— sur les eaux de Püllna.
— sur la station et les eaux de Teplitz.
— sur le climat et les eaux de Widbad Gastein.
— sur les eaux de la Styrie.
— sur les eaux de la Silésie.
— sur le climat et les eaux d'Angleterre.
— sur les eaux de Cheltenham.
— sur le pays de Galles et de l'Irlande.
— sur les bains de mer anglais et français.
— sur le climat et les eaux de la Scandinavie.
— sur la cure du petit lait.
— sur la station et les eaux de Ragatz.
— — — Montécatini.
— sur la grotte de Monsummano.
— sur la station et les eaux de Recoaro.
— sur les bains de Lucques.
— sur la station et les eaux d'Alhama de Aragon.

Notice médicale sur les eaux de Miers, Arcachon, Amélie-les-Bains, Bagnoles de l'Orne, Niederbroon, Ussat.
Ems et Royat, parallèle.
L'hydrologie contemporaine.
— française en 1878.
Les plages de l'Ouest.
L'île de Wight, climat et bains de mer.
Les eaux minérales de Pesth (Hongrie).
Ischl et le Salzkammergut.
Les eaux de St-Sauveur.
Les eaux de Mont-Dore.
L'analyse des eaux.
L'azote dans les eaux.
Le climat du Sud-Ouest.
Les eaux de Lamalou.
Les eaux de Cransac.
Bourbon-l'Archambault, Cauterets.

www.ingramcontent.com/pod-product-compliance
Lightning Source LLC
LaVergne TN
LVHW021002090426
835512LV00009B/2029